从零开始学习App运营和营销

一本书读懂 App 营销

蔡余杰◎著

ZHEJIANG UNIVERSITY PRESS

浙江大学出版社

目录

第一章
移动互联网时代，
App营销初露锋芒

第二章
App营销是一种
趋势，企业需顺
势而为

第一章

移动互联网时代,App 营销初露锋芒

一组数据：全球移动广告市场规模 2018 年将达到 1666 亿美元

如今无论是在城市还是在乡村，你都能看到快递人员忙碌的身影。建筑物的门前，时不时会有快递人员敲门。家中的一些角落，说不定还堆放着几个或大或小的快递盒。

以前，要想买个什么东西，必须到商场或超市。现在只要拿起手机，动动手指，想要的东西就会为你送到手上。所有这一切，都归功于 App 的发展，而 App 营销打破了传统的营销模式。

什么是 App 营销？简单来说，就是商家通过在手机、社区、SNS 等平台上运行的应用程序来开展营销活动。App 营销的核心是什么？我们知道，传统营销是以产品去满足客户的需要，而 App 则起到一个桥梁的作用，是客户购买企业产品的一个渠道，是连接客户与产品的重要枢纽。

移动互联网时代，App 营销初露锋芒。越来越多的企业开始进军移动市场，各种电商也应运而生。它们都想在这块移动市场的蛋糕上分得一块，移动市场也成为销售的主战场之一。如今，App 给企业、电商带来的流量已经远远超过了传统互联网（PC 端）的流量，通过 App 创造新的盈利点也成了各大企业、电商的发展方向。

国际知名市场调研机构 IDC 在 2017 年 3 月公布了 2016 年全球智能手机的销售数据。2016 年全年，全球智能手机总销量为 14.7 亿部，其中总销量排名前五的手机厂商分别是：三星、苹果、华为、OPPO 和 vivo，市场份额占比分别为：21.2%、14.6%、9.5%、6.8%、5.3%。

在国内市场，华为被 OPPO 和 vivo 追赶，并没有太多优势，现在的格局基本是三足鼎立。

"第一手机界"研究院院长孙燕飚认为,"华为和 OPPO、vivo 相比有一个巨大的优势,就是专利的优势"。在全球近 15 亿部智能手机的市场中,中国市场占了 1/3,欧美市场占了 1/3。不论是在中国市场还是欧美市场,华为都有强大的专利布局,因此华为的市场份额会持续扩大,这是 OPPO 和 vivo 不具备的竞争优势。

小米手机从默默无闻到一飞冲天,或许并不仅仅因为小米手机本身有多好,而是因为雷军的营销做得足够好。从 2011 年 8 月小米手机上市,到 2014 年 7 月推出小米 4,小米总是能不断创造销售奇迹。在 2014 年的天猫"双 11"购物狂欢节,天猫小米旗舰店用了 11 分 56 秒就突破了 1 亿元销售额大关。这一天,仅天猫一家电商平台就销售出小米手机 116 万台,销售额为 15.6 亿元。2015 年的"双 11",小米在京东、苏宁易购、唯品会、1 号店和亚马逊等 5 个平台上的总销售额为 10.6 亿元。

事实表明,各大企业、电商向移动应用领域的倾斜也是十分明显的,原因不仅仅是每天增加的移动端流量,更为关键的是,由于移动终端的普及和便捷,移动应用积累了越来越多的用户,一些用户体验不错的应用,使得"低头族"们的用户忠诚度、活跃度都达到了空前的高度。这无疑推动了企业的营销实践,对企业未来的发展起到了推波助澜的作用。

据中国互联网络信息中心(CNNIC)发布的第 38 次《中国互联网络发展状况统计报告》中的数据显示:截至 2016 年 6 月,我国手机网民规模达 6.56 亿人,网民中使用手机上网的人占比达 92.5%,网上支付规模增长迅速,中国的移动营销市场规模也呈爆发式增长。移动广告市场前景广阔,因为大家每时每刻都在使用智能手机,手机也成为企业接近客户进而达成销售的主要工具。有近四成的客户表示购买某件商品的原因是受智能手机购物的影响,而这个比例要比台式电脑、平板电脑都高许多。有媒体曾调研了 18～40 岁的每天都会使用手机等移动设备的人，结果发现，94％的受访者认为自己对移动广告是有需求的。

美国市场研究机构 Borrell Associates 预计，全球移动广告市场规模将在 2018 年达到 1666 亿美元。事实上，仅亚太地区 2016 年移动广告支出就已达到 597 亿美元。而据艾媒咨询（iiMedia Research）的统计数据显示，中国移动广告市场规模增长迅速，2014 年为 275.6 亿元，2015 年增长至 592.5 亿元，2016 年增长到 1340.8 亿元，预计至 2018 年将达到 2570.6 亿元（见图 1）。①

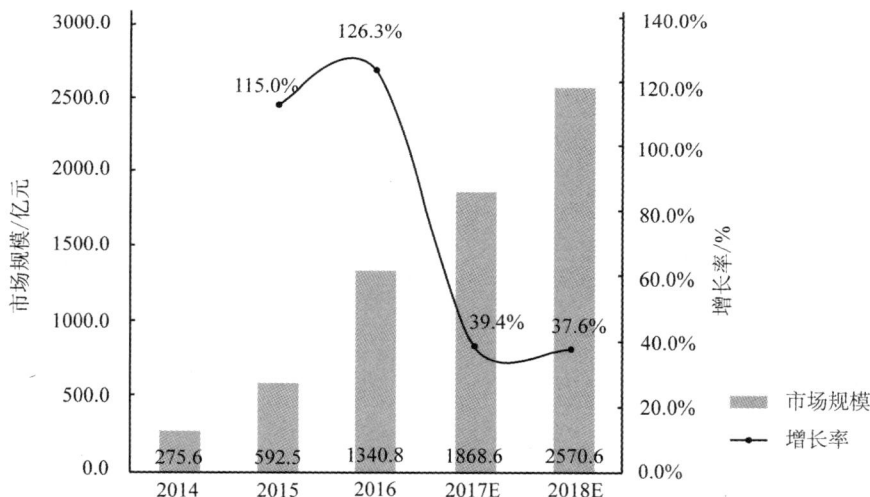

图 1　2014—2018 年中国移动广告规模及预测

有人曾计算并得出结论：从营销的角度来讲，移动互联网的商业机会是传统互联网的 14 倍。虽然我们不清楚此数字是如何算出来的，也未必有科学依据，但是，对商家来说，移动互联网营销的确比传统互联网营销有更多优势。就 App 营销来说，首先是营销的费用比传统媒体，如电视、报刊广告要节约很多。其次，App 让广告的投放达到了相当高的精准度。比如：App 是人们主

――――――――――

① 艾媒咨询.2016—2017 年中国移动广告行业研究报告［C/OL］.（2017－01－20）［2017－03－30］.http://www.iimedia.con/47938.html.

动下载的,至少说明用户对相关内容有相当大的兴趣。许多 App 都会提供将内容分享到微博等社交网站的功能,聚集具有相似兴趣的目标群体。另外,App 还可以通过收集手机系统的信息、位置信息、行为信息等,来识别用户的兴趣、习惯。例如,通过识别手机的型号,就可以了解到你的收入水平,用苹果手机的人很有可能比用小米手机的人收入高;如果你经常浏览高档酒店、出行信息的页面,就能分析出你可能是一个商务人士,然后有针对性地向你推送商品信息,达到精准营销的效果。

第二,App 提供了比以往的媒介更丰富多彩的表现形式。触屏给人们提供操作的快感,文字、图画、视频一个都不少,给用户带来了前所未有的互动体验。此外,App 还引导起人与人之间的互动,通过在内部嵌入 SNS 平台,让同一个 App 的用户能相互交流心得,使用户在互动和口碑传播中,提升对品牌的忠诚度。

第三,人们在生活中越来越离不开手机,即使是在拥挤的公交车、地铁上,也会浏览手机上的各种信息。App 营销抢占的就是这样的时空。只要你不去主动删除,App 就会一直待在你的手机里,品牌就一直有给用户不断加深印象的可能性,从而使销售成为可能。

一个事实：　程序化购买将成为移动广告的主流交易方式

在媒体资源匮乏的年代，企业只能将广告投放在传统的媒体上，营销的效果大多达不到预期目标。进入众媒时代，继"互联网化"之后，"移动化"开始成为各行各业的重点话题，企业广告平台的选择增多，需要将更多精力集中到如何实现效益最大化上来。在企业纷纷进军移动营销市场的背景下，以百度、腾讯等为代表的互联网巨头率先发力程序化广告交易，并已经取得了一定的成绩。

据有关数据显示，2016年，中国移动广告支出占世界移动广告总支出的26％，已超越日本和英国，成为世界第二大移动广告市场。国内移动广告市场规模正以出人意料的速度扩大，其中一个明显特征就是程序化购买强势增长。

那么，什么是程序化购买？简单地说，程序化购买就是通过数字平台，程序代表企业，自动地执行广告媒体购买的流程。相对于传统的购买方式，程序化购买依赖于需求方平台（Demand-Side Platform，DSP）和广告交易平台（Ad Exchange），包括实时竞价（Real Time Bidding，RTB）模式和非实时竞价（non-RTB）模式。

2014年9月，某著名洗涤品生产企业负责人曾公开表示"数字营销已死"。该企业负责人认为，所谓的数字化工具，充其量只是与消费者沟通的一种手段而已，企业要想在竞争惨烈的市场中占有一席之地，应该关注的还是通过各种创意和新鲜的广告去进行品牌建设。而原来的数字化营销，包括移动互联网、二维码等的定义已经不重要，企业更多的还是要回归品牌和创意。

有人预计，未来企业打造品牌的手段之一就是程序化购买。此前，多数程序化购买主要是以效果为导向的，只要能达到一定的点击数和转发次数就可以了。而程序化购买也还没有被品牌企业所关注，企业也很少利用全球化购买来扩展品牌的深度和广度。随着技术的不断完善，程序化购买慢慢得到广告企业的青睐。在行业当中，包括以上这家洗涤品生产企业在内的很多大客户把手中的橄榄枝伸向了程序化购买。

一套行之有效的程序化购买不仅仅是 DSP 或 SSP（Sell-Side Platform，销售方平台），其中也包含了广告交易平台和数据管理平台（Data Management Platform，DMP），这才能形成多平台的全方位布局。DSP、SSP 是分别接收企业和媒体需求的服务流平台，DMP 是进行智能分析和处理的数据流平台，广告交易平台则是广告交易的中心环节，即资源流平台。

其中，实时竞价程序化购买技术就是向意向消费者展示企业的广告，不仅能够确保企业获得广告最大化效益，还能确保发布商获得一定的收益。

某用户是来自北京地区的白领女性，10 月 3 日在淘宝上搜索过电子书阅读器，10 月 8 日在百度上搜索过某彩妆品牌，10 月 9 日点击过某地产公司的广告。同时，三家广告代理公司 A、B、C 的客户分别是某购物平台、某小家电厂商和某地产。

此时某广告竞价平台已经对这位北京女性做了记录，并及时通知三家广告代理商：北京一位女性于 10 月 3 日在淘宝上搜索过电子阅读器、10 月 8 日在百度上搜索过某彩妆、10 月 9 日点击过某地产公司的广告。而三家广告代理商都觉得该女性很可能会成为自己的客户，大家按照广告竞价平台的要求，报出自己的价位，比如，广告代理商 A 出价人民币 1 元，广告代理商 B 出价人民币 2 元，广告代理商 C 出价人民币 3 元。毫无疑问，广告竞价平台会选择出价最高的广告代理商 C，于是把某地产公司的广告展示给这位女性。

这就是 RTB 的全部过程，其实就是对于客户的每次点击进行实时拍卖，并且在很短的时间内完成。

某权威人士曾评论：如果把 2011 年定为中国移动广告元年，那么 2015 年就是移动广告程序化发展的元年。在此之前，企业对移动程序化持不信任的态度，在半信半疑中用极小的预算涉足了移动程序化领域。经过市场的培育和移动程序化的前期培养，企业顺利地进入了移动广告市场，形成移动程序化的战略决策。理由有以下几点：

（1）智能手机用户正在迅速成为数字广告的新贵，自 2007 到 2016 年，这 9 年间中国的智能手机用户规模呈现井喷式增长，从不足 5000 万个用户，迅速增长至 6.5 亿个。

（2）中国已经进入程序化购买的爆发时代，程序化购买正在加深企业的互联网思维模式，随着实时竞价、私有程序化购买（Programmatic Direct Buying，PDB）等广告平台投放技术的高速发展，程序化购买将成为企业对广告支付的最主要方式之一。

（3）App 营销是移动互联网广告投放的主要渠道，是进入营销的大时代的加速器。因此，只有将 App 营销和电脑端营销结合起来，才能有效地达到覆盖客户的目的。客户是利用碎片化时间上网浏览的，广告代理商就可以不间断地给客户发送企业产品广告信息。

美国某机构曾做过统计，美国 2016 年程序化购买支出为 15.43 亿美元，年增幅 49.5%。最新的预测显示，在美国，私有程序化购买广告已经成为广告支出的主要部分。

在中国，随着企业对移动程序化的深入认识，资源平台加大开放力度，进一步提升移动程序化的发展。根据 Anlysys 发布的《2017 年上半年中国程序化购买服务商市场实力矩阵专题研究报告》，从产生发展周期看，中国程序化购买市场目前处于高速发展阶段，市场规模持续扩大，潜力巨大。

一个声音: 移动营销新平台日趋成熟

在报纸、杂志、广播、电视之后,手机,特别是智能手机被广泛应用,人们也将其定义为第五媒体,即新媒体或"影子媒体"。其传递信息的快捷、便利、准确超越了传统媒体,并实现了精确的分众化传播——到达每个手机用户,同时每个手机用户都可以成为信息的传递者。这就产生了一个新的行业——移动营销。

企业打破以往那种地毯式的营销模式,实行精准营销,即面向所有智能手机或平板电脑用户,在移动终端上直接向分众目标定向和精确地传递产品营销的即时信息,通过与智能手机用户的信息互动完成市场营销。总结起来,移动营销就是把企业的广告信息通过智能手机传递给目标客户,从而达到精准、有效营销的目的。它是互联网营销的一部分,融合了现代网络经济中的"网络营销"和"数据库营销"理论,亦为经典市场营销的派生,是各种营销模式中最具潜力的一种。

为此,移动营销协会(Mobile Marketing Association,MMA)欧洲区常务董事保罗·伯尼说:"移动营销为品牌和营销服务机构提供了一个新的平台,不断学习如何有效使用移动渠道实现销售和营销目标最大化是企业的当务之急。"

每一个涉及移动营销的企业,都会进行定量的市场调研,深入地研究目标消费者,全面地制定营销战略,运用和整合多种营销手段,实现产品营销的目的。移动营销的整体解决方案有多种形式,如短信回执、短信网址、彩铃、彩信、声讯、流媒体等。短信群发只是众多移动营销的一个方法,是移动营销整体解决方案的一个环节。因此，移动营销和短信群发是不一样的。

对一家企业来说，移动营销比传统营销更具有天时地利的优势，无需漫无目的地在传统媒介打海量广告，就可做到为客户提供个性化的商品。通过对移动端客户的分析，让商品与客户零距离地沟通，进而达到有效营销的效果。此外，还可以达到4个目的：（1）提高品牌知名度；（2）收集客户资料，建立数据库；（3）增大客户参加活动或者拜访店面的机会；（4）改进客户信任度，增加企业收入。

面对惨烈的市场竞争，扑面而来的移动营销无疑为企业提供了一个全新的营销途径，发展势头迅猛。

从外企到内企全面铺开。以前，一直是大洋彼岸的外企走在营销的前沿，而中国企业只能望"网"兴叹。从星巴克到法国航空，从宜家家居到卡夫的iFood……外企的移动营销成功案例数不胜数。而近几年中国的企业也不甘落后，纷纷登场，从微博、论坛、博客、SNS到微信，如火如荼地进行着移动营销的变革，从人们的衣食住行到娱乐享受，大大激发了用户的消费欲望，改变了他们以往的购物习惯，使他们不分地域、不分时间、不分场合地消费购物。

视频广告成为新的增长点。随着智能手机的普及，绝大部分手机都可以录制高清视频。以前，只有专业的公司才能制作出视频广告，而现在每个拥有智能手机的人都可以做导演，自己录制高清视频并进行简单的加工，这为视频广告带来了良好的发展机遇。视频广告也成为各公司的最爱，只要一开手机，衣食住行娱乐消费，方方面面全都有了，大大推动了移动营销业务的发展。移动视频广告给人们带来的体验要比电视广告好得多，视频广告也迎来了生机勃勃的春天。

移动广告程序化将大行其道。在App营销中，实时移动广告程序化对广告市场的影响越来越大，各种实时广告竞价平台如雨后春笋般出现，大数据、专利竞价算法、用户行为预测、多维度重定向等应有尽有。从有关数据来看，实时移动广告程序化已经占到移动广告购买总量的相当比例,可以说,实时移动广告程序化很快就会成为商家营销的必选手段。就智能手机而言,商家会把实时移动广告程序化当成取得营销业绩的有力法宝。

原创性移动营销发挥威力。由于智能手机用户的个性化,企业在制作广告时要注重用户体验,原创性移动营销兴起,与智能手机用户应用匹配的内容,可能会发展成为营销服务。据一项调查发现,很多智能手机用户其实并不能辨别在一个天气预报类 App 上展现的与穿衣相关的内容是广告还是提示,这就是原创性营销的机会。某企业曾尝试在英语阅读信息流中开展原创性营销,收到了很好的效果。因此,移动营销是可以随时随地发生的,这意味着移动营销的格式更灵活、内容更短。当然,企业需要考虑消费者将使用什么设备来访问企业广告。

O2O(online to offline,线上到线下)把线上的消费者带到了现实的商店中去。2013 年,腾讯发布了微信 5.0 版本,开通支付功能,引领了一个全新的消费时代,同时也开启了 O2O 的新模式,O2O 也逐渐进入深度发展的阶段。所有依托于线下渠道的品牌,位置和移动互联网的链接将会更加充分,而以往的传统营销体验也由于移动营销而被颠覆,各类企业纷纷开始建立各种自动式移动服务的应用,而企业的移动营销如何提供基于 O2O 的解决方案将是最为关键的因素。

大数据成为移动营销的关注点。在移动营销如火如荼的时代,如何切割更加细分的数据成为新的关注点,从大众到精准化的移动营销已经成为趋势,而这依托于移动平台的大数据。基于移动大数据的精准营销日益流行,而挖掘大数据的商业智能成为企业必须关注的要点。

移动营销需要新的体系和内容。移动营销已经不再是雾里看花,进入此行列的企业都在思考这样一个问题:怎样把移动营销纳入整个营销体系?美国的一家汽车制造企业的行动已经说明这一点,App 营销需要足够吸引客户的内容去支撑，精准的身份判断、与客户的即时沟通、满足不同客户的需求、把他们当成朋友或自己的家人成为App营销的四大主要手段，其中的客户关系管理已经成为王牌中的王牌。

媒体平台加大服务移动营销力度。国内的著名门户网站如腾讯、百度等会加大服务移动广告的力度，不仅会与聚米、芒果、API store等移动广告平台抢占市场份额，同时也将影响到传统的广告公司。因此，移动营销创意、策划会成为广告公司的一个新的发展方向。

一个新时代： 在移动营销扑面而来的时刻

在移动营销扑面而来的时刻,企业对营销效果感到困惑:最有效的平台在哪里? 面对用户端对广告的抵触,如何让营销顺利进入客户的视线?

当智能手机成为生活的必需品时,人们随时随地都可以发表意见。因此,企业与客户接触的时间会变得更多。优秀的企业会抓住任何一个机会,实时与客户沟通互动,让潜在客户成为真正客户,让圈子外的客户变成产品的忠实信徒。如果你天天只想到如何让客户购买你的产品,却不能接近你的客户,移动营销的时机会在你面前悄然流失。在这方面,"滴滴出行"给我们做出一个不错的榜样。

2013 年面世的"滴滴出行"用 App 改变了人们的出行方式,培养出移动互联网时代的用户出行新模式。相对传统电话打车与路边的伸手打车而言,滴滴出行的诞生改变了传统出租车行业的格局,颠覆了路边打车的概念,利用移动互联网的特点,将线上与线下相融合,从你拿起手机拨号到到达目的地挥手与司机告别,不需要费力寻找,让你体验到前所未有的出行快乐。乘客可以根据自己的出行需求随意"下单",不再需要站在路边苦等,最大限度地节约了出行时间,避免了许多受风吹雨淋的尴尬状况。

那么,司机如何操作呢? 打开手机上的"滴滴车主"App,看看上面的信息,司机就可以马上做出决定,到底是接还是不接。如果接了一单生意,从乘客坐进车到下车地点后,一键操作就可以把车费信息发送到顾客手机的客户端,顾客支付乘车费用后,这一单就算完成了。全程不费心思,全靠 App 后台程序来完成。如果决定不接这一单，就会有另一单生意在手机上显示出来供司机选择。

调查数据显示，截至2016年9月，滴滴出行已占据国内打车软件市场99%的份额。2016年商品交易总额达到120亿美元，而规模化必然伴随着不断延展的品牌冲击。目前，滴滴出行每天可实现300万个出租车订单、超过300万个专车订单和峰值达223万个的顺风车订单，业务覆盖全国360个城市。

因此，企业在这个移动互联网新时代，想要拥有一定的市场份额，必须实行以下几种方法。

方法1　快速迭代：通过更新产品也能赢得挑剔用户

在传统营销时代，企业产品的更新速度很慢。首先是因为客户端产品的更新不是特别方便；其次，用户对于产品并不会那么挑剔，即便产品外观、包装极其普通，只要性能上能满足用户需求，自然会有人买单。

但在移动互联网时代，客户对产品往往特别挑剔。而一款移动应用在推出的时候往往存在许多不足，这就需要通过快速的迭代开发来更新产品，以此留住客户。同时，通过更新产品也能唤醒一些沉默用户，让一些原本下载了应用但使用次数非常少的用户再给该应用一次机会。

当然，满足用户需求也要保证产品在交互等方面的核心功能在首次销售时就已确立。这也是保证应用在推出时能获得用户的关键。

方法2　功能简单：华而不实的产品反而会失去用户

从门户网站开始，互联网产品往往华丽却缺少功能，就像一块小小的月饼用了一个豪华的包装，当你打开盒子之后，味道反而让人大失所望。事实证明,这样的产品在移动互联网时代没有生存空间。

功能应该简单直接,实实在在地为用户解决问题,华而不实的包装会失去用户。其实,现在很多企业都在对产品功能进行细分,但别忘了,在保证功能的基础上,再进行适当的包装,以起到锦上添花的作用。

方法 3 团结合作:成功不是靠一个人的力量

传统互联网在团结合作上存在一些不足,主要的原因是受互联网条件的限制。因为那时候互联网并不成熟,一家传统互联网公司需要自己去包办各种工作。但是在移动互联网时代,很多工作都可以通过合作来达到效率的最大化。

移动互联网的生产环节更长,所以需要和各个环节中的上下游企业共同合作去完成。以移动游戏为例,其中涉及研发团队、发行团队、平台团队,这三者必须有机地结合在一起,让每个环节都能做自己最擅长的事情。

这种团结合作不仅能提高企业的效率,更有助于行业的成长。由于团结合作的生产,产业链中的各个企业都能得到发展的机会,而各个企业的成功也会促进整个行业的进步。

方法 4 网络与实体结合:达成购买意向,并不等于交易成功

由于人们时时刻刻都离不开手机,而且移动互联网媒体能清楚地了解到用户的地理位置。这就让网络与实体的结合变得更加紧密。对于手机应用来说,移动互联网本身只是联结用户和产品的纽带,真正的核心在于其后端的操作,尤其是实体的能力。比如房地产中介应用要有足够多的出租出售房屋信息,服装应用要有足够多的衣帽袜信息,超市应用要有足够多的生活用品信息,这些并不是单靠移动互联网能够解决的,也需要实体的不懈努力。

但是实体的工作往往比网上更加不容易,和产品开发完全不同,也不像网

络业务那样能够快速复制和扩张。这就需要团队有强大的执行力，同时要有丰富的工作经验，让企业尽快加入到移动互联网中。

方法5　快速转型：一时的失败，并不意味着永无翻身之日

开发移动互联网的成本比传统媒体要低，而且调头方便，错了有改正的机会。一时的失败并不代表永远失败，企业还可以尽快开发新的产品，快速转型。

很多移动互联网企业都经历过无数次的失败。Rovio公司在开发出《愤怒的小鸟》之前开发过51款游戏，这些游戏都以失败而告终，但Rovio从过去的失败中总结出了经验——开发游戏的经验和团队合作的经验。另一个例子是Instagram，它在一开始并非主打拍照分享功能，其创始人发现自己原来的想法是不可行的。经历过失败的痛苦之后，他逐渐发现了用户拍照并分享的需求，成功推出了Instagram。

方法6　站在用户角度去设计产品

互联网企业常常习惯于抄袭，国内有许多互联网产品都是从国外直接照搬过来的，甚至相互抄袭的现象也层出不穷。但是，在移动互联网时代，盲目模仿甚至抄袭就会失去生存的根本。

首先，抄袭所获得的利润远远小于所付出的代价。此时抄袭犹如掩耳盗铃，只要你一动就会被别人抓住手腕。其次，移动互联网越来越具有一定的地域特色，移动互联网环境与国外截然不同，这让抄袭往往以惨败告终。这并不是说移动互联网企业要完全靠自己开发出一个与众不同的产品，而是应该站在用户角度，换位思考一下，如果自己是用户的话，最希望看到怎样的产品。

App 市场网站推广六大方法

手机应用的市场很大，但是面临的挑战也很多。Windows Phone 现在还不是很普及，很多刚接触 Windows Phone 的用户表示不知道要去哪里下载手机游戏和软件。而使用安卓系统手机的用户和使用苹果手机的用户都知道，下载一款 App 无非有三个渠道，一是手机内置应用市场，二是 PC 端手机助手，三是应用市场网站。任何一款网络产品的最大载体其实都是网站，网站推广是否足够有力，直接影响到装机量和激活量。下面就讲讲 App 市场网站推广的 6 个技巧。

1. 分析竞争对手

任何网站在开展营销推广之前，都会做这件事情——分析竞争对手。这可以让你清楚你的用户在哪里，你的行业前景在哪里，竞争对手是谁，它（们）有哪些方面值得我们借鉴，哪些错误是我们必须避免的，它（们）的推广渠道有哪些，等等。分析竞争对手以后，要整理出一个详细的报告：

- 对手网站的 UI(User Interface，用户界面)设计
- 对手网站的栏目框架设置
- 对手网站的内容更新频率及来源
- 对手网站的推广渠道及营销策略
- 对手网站的优点及缺点（双方竞争力对比）

2. 做好站内架构

在分析完竞争对手之后，找出自己的强项和弱项，突出强项、修改弱项，以

最符合人性化和搜索引擎优化（Search Engine Optimization，SEO）的程度做好站内优化。站内优化有四个方面，一是网站 UI 设计（主色调、页面布局），二是网站标题、关键字和描述设置（标题长度、关键词密度），三是网站代码编写及功能设计（多余代码、多余 Flash、图片及特效），四是站内链接布局（网站地图、面包屑导航等）。

3. 做好网站内容

一个网站仅仅有合理的设计和架构是不够的，还要有用户喜欢的内容和服务。App 市场就是一个下载手机 App 的网站，这样的网站要做到 App 更新及时、数量多、安全、下载速度快。如果一个 App 下载网站，没能及时更新最新发布的游戏和软件、App 的数量不多、下载速度过慢、下载下来的 App 存在恶意行为等，这样的应用市场只会被市场淘汰。

4. 建立自己的用户圈

人都是以群而聚的，因此，做任何一家网站，建立自己的用户圈都是非常必要的。第一，让自己的用户讨论自己的网站，可以从他们的讨论中获取用户的使用感受、网站的不足之处、用户对网站的期许等信息；第二，网站内测、公测、版本更新、新产品发布的时候，圈子里的用户会是一批最早最活跃的人；第三，通过建立用户圈子，以口碑相传的形式传播网站品牌和影响力。

建立用户圈子可以通过以下四种途径：第一是 QQ 群（最直接最快速，用户量最多）；第二是微博（较热门，传播速度较快）；第三是微信（新热产品，巧妙运用微信公众号可以取得很好的营销效果）；第四是论坛（虽然即将过时，维护难度大，但是通过用户不断的积累，也有持久的促进效果，如小米社区和魅族社区）。

5. 在自己的圈子里推广网站

接下来是怎样去维护、扩大用户圈及如何在用户圈里推广网站。如果建立起圈子以后,不去维护和发展,那么用户圈也会变成一潭死水,形同虚设。怎样去维护和扩大用户圈呢? 怎样在圈子里有效地推广网站呢?

首先,QQ 群聊是最直接的聊天方式,需要安排一两个对网站和产品非常熟悉的人来活跃群里的气氛,及时解决用户对网站和产品的疑问,发布行业专业的资讯。其次,微博上要第一时间发布产品新信息,和粉丝互动交流,利用微博举行有奖活动等,充分利用微博这个客户服务渠道。

无论是 QQ 群还是微博、微信,都是把人聚集在一起的平台。如何去利用好这些聚在一起的人,就要看我们的营销手段。第一,第一时间和用户沟通,倾听用户的诉说;第二,产品新信息、漏洞修复、官方活动等要在第一时间通知用户;第三,不定时举行线上活动、线下聚会等。

6. 在别人的圈子里推广产品

我们在建立自己圈子的同时,别人也在建立自己的圈子。在自己的圈子里推广很容易,那么如何在别人的圈子里推广呢? 下面以 QQ 群为例,你要先加入同类产品(网站)的用户圈,多了解情况;看用户对该网站的评价,这一点可以包含在上面的竞争对手分析中;当用户吐槽该网站的时候,可以通过私信或者单聊的方式告诉这些用户,我们的网站和产品比这个更好、功能更齐全等等。

以上六点,是笔者对 App 市场的一些看法。此外,搜索引擎优化也很重要,可以以运营为主,以营销为辅。服务性较强的网站,应该多在口碑方面下功夫,而不必过多纠结搜索引擎排名等等。

App 市场运营推广

App 市场运营推广，无非是为产品找到盈利模式，以运营去实践盈利模式。任何运营都围绕用户展开，包括吸引用户和留住用户，就是让用户过来，并留下。

App 市场运营的三个阶段是吸引用户、把用户留住、让用户掏钱。App 市场运营三大核心目标是扩大用户群、寻找合适的盈利模式以增加收入、提高用户活跃度。我们把 App 市场运营的分工和种类进行细分，如下表所示。

表 1　App 市场运营分类

运营类别	运营模式
基础运营	维护产品正常运作的最日常、最普通的工作。
用户运营	负责用户的维护，扩大用户数量、提升用户活跃度。通过与部分核心用户沟通，进行活动的预热推广，获取一手调研数据和用户反馈。
内容运营	对产品的内容进行指导、推荐、整合和推广。给活动运营等其他同事提供素材等。
活动运营	针对需求和目标策划活动，通过数据分析来监控活动效果，适当调整活动，从而达到提升 KPI（Key Performance Indicator，关键绩效指标），达到有效推广产品的目的。
渠道运营	通过商务合作、产品合作、渠道合作等方式，对产品进行推广输出。通过市场活动、媒介推广、社会化媒体营销等方式对产品进行推广传播。

那么，App 市场运营推广要做哪些事情？我们也可以用表 2 来说明。

表 2　App 市场运营推广具体事项

类　别	事　项
前期准备工作	保证产品能正常运行 明确产品定位和目标 选择合适的推广渠道和方式,协调内外部的资源并制定详细的计划 确定团队分工并执行
上线初期的工作	保障产品的正常使用 根据运营状况,阶段性地跳转优化产品 执行上线初期的推广策略
后期的日常工作	对产品进行更新 内容运营 策划活动 用户运营 分析数据 收集意见反馈

如何为 App 选择合适的市场推广渠道和方式？首先考虑的是产品定位；其次考虑的是目标群体习惯和属性；最后考虑的是公司资源。

在 App 市场运营推广过程中,哪些数据指标可以更好地指导我们工作呢？下载量、用户数、留存率、转化率、活跃用户数、活跃时长、付费率是很多公司考核的数据指标,也是改进优化工作的依据。

当然,在运营的不同阶段,关注的数据指标肯定不同。例如在 App 运营初期,更加关注下载量和用户数。之后,会比较关注活跃用户数、留存率、转化率等数据。所以,在 App 市场运营的不同阶段,关注的侧重点也会有所不同。

其中,最为主要的是相关数据指标分析,包括以下三方面。

1. 留存用户和留存率

一般而言，留存用户和留存率反映出不同时期获得的用户流失的情况，分析这个数据的目的往往是找到用户流失的具体原因。

App获得一定用户以后，刚开始用户会比较多，随着时间的推移会不断有用户流失，留存率随时间推移逐步下降，一般在3～5个月后趋于稳定。其中资讯类、社交、系统工具是留存率最高的三类应用，在4个月以后的留存率稳定在10%左右。留存率提高了，才会有更多的用户留下来，真正使用App的用户才会越来越多。

次日留存率：因为都是新用户，所以可以结合产品的新手引导设计和新用户转化路径来分析用户的流失原因。通过不断的修改和调整来降低用户流失率，提升次日留存率。通常如果次日留存率达到了40%，就表示产品已经非常优秀了。

周留存率：在这个时间段里，用户通常会经历一个完整的使用和体验周期。用户如果在这个阶段能够留下来，就有可能成为忠诚度较高的用户。

渠道留存率：因为渠道来源不一，用户质量也会有差别，所以有必要针对渠道用户进行留存率分析。而且排除用户差别的因素以后，再去比较次日留存率、周留存率，可以更准确地判断产品上的问题。

2. 活跃用户

用户每天既会不断新增，也会不断流失，如果单独看每日活跃用户数，是很难发现问题的本质的，所以通常应结合活跃率和整个App的生命周期来看。活跃率是指活跃用户在总用户中的占比，通过这个比值可以了解你的用户的整体活跃度，但随着时间周期的加长，用户活跃率总是在逐渐下降的。所以如果经过一个长生命周期（3个月或半年）的沉淀，用户的活跃率还能稳定保持在5%到10%，则是一个非常好的用户活跃率的表现。当然也不能一概而论，得视产品特点区别对待。

3. 付费率

付费率指一个 App 的付费用户在总用户中的占比,即付费用户数/总用户数×100％。

注册用户付费率＝付费用户数/注册用户数×100％

平均同时在线付费率＝平均同时在线付费用户数/平均同时在线用户数×100％

活跃用户付费率＝付费活跃用户数/活跃用户数×100％

成功的 App 市场运营,首先是从产品出发明确产品的定位,其次是明确用户群的定位。接下来才是进行推广,经过合理的运营达到留住用户的目的。最后通过数据统计以验证自己的推广是切实有效的。正如上面所说的,任何运营都围绕"用户"展开,最终目的就是让用户留下来。

App 营销为企业节省成本

自 2012 年以来，App 营销发展迅猛。可以说，App 营销正促使很多行业进行变革，中国成为 App 营销发展最快的国家之一。

由于 App 的便利性，智能手机用户在 App 上面的浏览时间已经超过网页，这让承受高额推广费用压力的中小企业看到了低成本营销的机遇。在滴滴出行和快的打车掀起了全国线上约车的狂潮后，国内中小企业也感受到了这一营销利器的好处。

厦门的周女士有一家面膜厂，她非常看好 App 营销的前景，先后与厦门本地的 App 运营商合作开发了"掌上面膜"和"掌上工厂"App。随着下载量的增长，"掌上面膜"让周女士的小额订单量增加了 14%。周女士在厦门国际商厦二楼设立了招商部，专门吸引产业上下游从业者进驻 App。秉持"搜掌上面膜"运营理念的"掌上面膜"一经上线就受到了年轻群体的热捧。负责运营"掌上面膜"的工作人员小张说，"掌上面膜"的成功是因为现在的 80 后、90 后是主流消费群体，比起线下消费，他们更倾向于既方便又实惠的线上消费。

年轻的消费者热衷于使用移动营销新媒体。因此，App 给中小企业提供了很好的机遇，即使没有雄厚的资金，也有机会抓住年轻的消费者。

中小企业利用 App 的便捷性去销售自己的产品，费用门槛相对于传统媒体要低很多，只要开发一个适合于本品牌的应用程序就可以了，此外可能还需要一些推广费用，但这种营销效果在当今社会是电视、报纸和广播所不能代替的。

　　中小企业常存在人力资源不足、资金匮乏、没有品牌等劣势,但利用 App 营销,就可以降低企业的采购成本、促销成本,提高企业利润。第一,中小企业通过 App,能够不受区域和时间的限制,进行广泛的市场调查,降低了调研费用;同时能够充分地了解供应商各方面的情况,有利于选择原材料的主要供应商,通过网络平台的交流,强化两者的协作关系,将原材料的采购与产品的制造过程在时间上有机地配合起来,形成一体化的信息传递和信息处理体系。第二,App 营销成本远低于其他营销方式,例如公司状况、产品供求信息等所有的营销信息都展示在 App 中并可及时更新,大大减少了印刷、存储、邮寄等费用。

　　利用 App 营销,可以降低宣传费用。随着智能手机的普及,广告覆盖面越来越广。同时也能降低流通费用。App 营销可以优化企业供应链,实现网上直销,减少库存和营业面积,降低周转与管理成本,节省巨额的流通费用,从而降低产品成本和价格。而且,由于 App 营销不受时间的限制,企业产品的售后服务效率大大提高,消费者的忠诚度进一步提升,市场占有率也会随之增加,从而有效地降低企业营销的运作成本。此外,企业利用 App 可以节约交通和通信费用。

　　中小企业没有大量的资金去做全国性的广告宣传和市场推广,应更多地考虑利用 App 营销。App 营销借助无线网络,通过智能手机到达用户,跨越了年龄鸿沟。借助个人价值观认可、群体认可及其背后的个人信誉有效地形成公信力,促成广大客户的购买;可提升客户采购的欲望和需求;通过客户邀请制、嵌入服务,达成零成本销售。而产品、服务成为用户的首选,App 营销为客户带来个人价值,新用户将加入营销循环。最终 App 营销将形成雪球效应,制造出用户群体中的热点,构成消费环境,引爆时尚流行。

　　App 营销是中小企业不可忽视的市场营销方式,它不仅仅是企业做大做强的保障,也是一种高效、低成本的营销手段。对于同类产品,对比广告宣传和朋友推荐，消费者更容易对朋友推荐的产品产生认知度和信任度，并主动选择和接受它。如果中小企业在营销产品的过程中能够巧妙地利用App，会达到很多常规广告宣传所无法达到的效果，降低市场运营费用，从而达到降低营销成本的初衷。

中小企业在产品上市一星期之内，就要吸引广大消费者的眼球，进而引发他们的购买欲望，同时，尽量让更多消费者了解产品，不失时机地运用App营销策略，激励早期用户。随着满意顾客的增多，会出现更多的"信息播种机""意见领袖"，这比广告宣传效果更好，而且宣传费用和推广费用也大大减少，企业逐渐赢得良好的口碑，长远利益也就能够得到保证。

总之，中小企业要走出一条属于自己的路，就必须综合运用各种App营销方式，从各个环节，多层次地对营销的过程施加有效的成本预控，力争以尽可能少的投入获取最大的经济回报，让有限的资本通过App营销手段和市场资源的充分整合，裂变成巨大的核能效应，减少营销成本支出，从而使中小企业在激烈的市场竞争中获得发展。

自2013年以来，由于App营销不仅快捷，而且成本相对于传统媒体广告更低，各大快递、物流企业纷纷利用App抢占市场，一条完善的物流行业"信息流"逐渐形成。就在各类行业门户App进军移动互联领域之时，从事物流快运行业多年的钱常贵也借助"顺丰速运"平台，找到了一条发家致富的新捷径。

对于物流企业来说，推出App创新服务也能使其在竞争中处于更有利的地位。钱常贵说："现在，快递行业正处于转型升级的重要时期，创新能力的竞争也考验着每一家快递企业，抛开以往价格、硬件等方面的竞争，利用App新技术竞争也是行业发展的必然。"

移动营销彻底颠覆了传统的营销模式，以最低的费用让物流供需双方轻松对接，解决了信息沟通不对称等诸多现实问题。不过，这一切都要"以人为本"。钱常贵说："物流App必须与实体网点相结合，这既是物流业本身特征决定的，也是未来商务服务的必然形态，因此如何花大力气将在线与实体结合起来创新，是物流企业的重要命题。"钱常贵认为，物流 App 是未来智能物流网络的一个重要环节，最深远的影响将表现在对商业模式的创新上。

目前，许多中小企业纷纷进入移动营销行列，先后推出了 App 服务，探索各年龄段客户的真实需求，挖掘和细分各个领域，努力捕捉市场的机会点。首先，消费者的自助下单不仅方便快捷，同时也为企业节省了大量的人力成本；其次，中小企业通过提供个性化的服务，可以进一步吸引顾客，在市场竞争中占据一定的份额。不过，App 并非一键了事，还要有足够的技术人员支撑，并且要迅速推广开来。毕竟无论采取何种形式，还是要做好服务，有更多的消费者愿意买单才是最重要的。

增强用户黏性，持续创造价值

在市场竞争惨烈的环境下，中小企业都明白这样一个道理：要想持续不断地创造价值，就需要有客户不断地去购买企业的产品。传统营销模式已经落伍，App成为营销新宠，由于其本身具有很强的实用价值，已经成为用户生活、学习、工作上的好帮手。一旦用户将应用下载到智能手机，应用中的各类功能就会吸引用户，在短时间内形成用户黏性。

同时，中小企业也明白：客户价值是持续盈利的源泉，当客户达到一定数量时，通过提供适宜的产品和服务，企业就能获得超额的利润。因此，企业要寻找能增强客户黏性、忠诚度的营销模式，摆脱那些向客户销售完一次产品之后就再无下文的营销模式。

最佳的途径就是利用App营销，提高客户的忠诚度。有些中小企业主在实际操作中发现，"市场份额＝利润"的原则出现了明显的例外：顾客的忠诚度每提高5％，其利润上升的幅度高达25％～85％，因此，顾客的忠诚度远比市场份额更重要。这就是App营销的潜力所在，它极大地拓展了参与者的数量，在App营销中引入全新的顾客群和参与者，由他们承载收入源的功能，形成间接产生于顾客的收入和直接产生于顾客的收入；企业依靠App营销还可为顾客提供自助化的服务，在不增加员工的情况下，提供更大范围、更便捷的服务；在App营销上，企业通过和客户实时的沟通，提供有特色的"体验"服务，为客户营造一个友好的沟通环境，增进客户的亲切感，有利于收集客户信息并挖掘客户深层次的潜在需求；还可以通过App营销培训与交流的方式，引导客户消费，进而培育客户的忠诚度，在一定程度上降低客户的转换成本，这样企业就可以花费较低的成本,长期、持续地获得高额利润。

关键是,中小企业利用 App 营销能增强客户的黏性。App 营销能让客户方便地参与到产品生产或流通、存储的全过程中来,企业以各种不同的方式接触顾客,能够获得顾客在各个环节上关于产品、服务的意见或建议,再把从客户身上获得的信息运用到客户身上,创造新型的"组合"资源,全面提高客户的满意度,使客户愿意购买企业的产品,进而获得较高的利润。

App 营销也能吸引消费者的广泛参与。与消费者共同开发新产品,有利于企业将自身产品与客户的真正需求结合起来,使产品特性与客户偏好高度吻合,极大地满足客户的个性化需求,进而提升客户感知价值。在消费者参与产品开发的过程中,他们还会获得更多关于新产品的知识,有利于更快速地接纳新产品,客户参与创造还会增加好奇心与操控感,也会增强对品牌的认同感,最后在企业和消费者之间形成深厚的联结,创造客户黏性。在 App 营销中,客户价值可以直接或间接地传递给企业及其合作伙伴,支持他们正确决策、引导资源优化配置,形成多样化的价值传递路径,企业能更有针对性地提供产品与服务,这些都有利于企业的长久发展和成长。

有一款手机应用叫"大拇指",其用户黏性很高,据说其用户每月泡在上面的时间有将近 4 小时。谁都可以在这上面提问题等待别人回应,或者回应别人的问题。所有的回应都是通过点"往上"或"往下"的大拇指来给出意见,前者是赞、肯定,后者是否定。当然,用户还可以跟帖评论。

例如用户经常会问一些生活中的问题,比如:"我想去非洲看野生动物,一年中哪个时间段去最好?"也可以随问题上传一张图。大拇指是在 2010 年 7 月创立的。面市第一年,它的用户增长缓慢,但是最近发展迅猛。据其创始人说,自推出大拇指以来,用户平均给出观点 800 条,平均每位用户每月花在这个应用上的时间是 3 小时 50 分钟,每个用户的登录次数也非常高。

对一个 App 而言,能吸引用户每月停留 3 小时 50 分钟,这样的应用还不多。有人试用了一下看它到底如何留住用户。原来，问一个问题用时30秒，而瞬间就可以得到回应。提一个问题，在1分钟内就能得到12个回应。

创业者们对这个创意有没有心动呢？

对一些企业，特别是中小企业来说，App就是营销渠道的延伸，能带来巨大的利润。比如交通银行和渣打银行就把基础的金融功能都搬到App上，创建出一个移动电子银行。让大家想不到的是，在交通银行的App上，平均一天能卖出700多张电影票。玩得更出色的是中国国际航空公司，它用手机App创造出了一条全公司利润率最高的销售渠道。

很难有企业对步步升温的App营销熟视无睹，比如零售连锁企业屈臣氏，在推出App很久之后，终于按捺不住，在其App上植入了购买的功能。因其所售卖的女性用品更需要视觉效果和实地体验的刺激，屈臣氏在App上也欢迎顾客网上下单，到店自取。因此，App的价值绝不仅仅是看得见的商业利益，它的价值是全方位的。

App是中小企业独特的营销渠道。它能让企业在很短的时间内到达不同的消费者，增强客户黏度。短信、邮件、会员卡这些"推送式"的沟通早已过时了，自由浏览的App则能让消费者充满兴趣，在不知不觉中被"黏住"。

App让中小企业与消费者零距离沟通。企业可以将App作为一种市场调研的手段。从顾客的下载、浏览和消费行为中，去了解各类顾客到底存在哪些真实的诉求和偏好，可以据此进行有针对性的营销，或者开发出更有针对性的产品。比如德国大众为此专门成立了一个部门，负责对App用户数据的收集、分析和评估，他们会将注册用户默认为大众产品的潜在消费者，当企业制造出新型汽车的时候，销售人员会利用这些数据，进行试探性的营销。

第二章

App 营销是一种趋势，企业需顺势而为

手游 App 的发展

自手机 App 开发市场火热起来后，手机游戏（简称手游）App 也得到人们的青睐。它满足了人们消耗碎片化时间的需求，也让网络上的游戏开发者纷纷试水手游 App 的制作。同时，手游行业的快速发展，也引起了资本市场的注意，这也让手游 App 获得有利的发展资源。

经过一段时间的发展，手游市场不断细分，手游 App 制作类型也越来越丰富，但是游戏类应用的热度依旧，仍有巨大潜力。据相关网站的报告显示，在我国游戏行业年会上，工业和信息化部软件服务业相关负责人表示，截至 2017 年 4 月，手游 App 软件销售收入达到了 265 亿元，首次超越了网页游戏的 244 亿元销售收入。随着手游制作行业的火热，国内某权威人士表示，手游已有了进入红海的趋势，预计手游 App 制作行业将形成强 IP 和精品产品称霸的激烈竞争局面。

游戏 App 制作行业将会出现越来越多的精品，这对广大消费者来说是好事。而对于游戏 App 开发者来说，也需要重视手游 App 的质量和用户体验，这样才能够获得用户青睐，长久地发展下去。

以成都手游行业为例。腾讯、完美等一众手游巨头纷纷落户成都，谷歌（Google）公司还联合四川大学在西部设立了首个 Google 开发者社区，成都成为国内手游行业"第四城"。并且，越来越多的人开始动心，想抓紧时机追赶上这轮风潮，而资本的热捧与大型企业的带头，进一步吸引了创业者追逐的步伐。然而，从鼎盛时期的 1000 多家内容提供商（content provider，CP）变成了如今的仅 200 多家，在戏剧性的大起大落背后，成都手游圈究竟有哪些问题？

1. 产品同质化严重

成都手游圈绝大多数的成员都是 CP 或者偏技术型的团队，其共同的特点是对市场、运营知之甚少。在成都，手游产品立项和研发的主流并不以市场为导向。由发行、运营来指导产品开发的情况同北上广相比偏少，许多 CP 团队自己想做某个类型的产品，或者认为某个类型会火，就稀里糊涂地做了起来，缺乏合理有效的前期调研。

闭门造车带来的恶果，是大量抱着投机心态的小团队一股脑地抄袭热门产品。因此，成都产品的同质化相当严重，大部分产品带着明显的模仿痕迹，清一色地仿《刀塔传奇》、类 COC（《部落冲突》）等。

此前，很多游戏发行商都在比较大手笔地拿产品，由于太多产品积压在手上或者根本推不出去，发行商拿产品的节奏开始放慢，拿出的代理金和预付款也大打折扣，甚至有些发行商开始尝试不给版权费的做法。这样一来，那些缺乏竞争力的 B＋级产品和它们的团队就彻底失去了机会。

2. 人力成本急剧上升

与北上广相比，成都现有的人才储备远远无法满足大多数中小企业的需求。由于公司之间的哄抢，一些人才紧缺岗位的薪资水平被哄抬数倍，人力成本与北上广几乎没有差别。原本只拿 4000 元的员工跳槽之后，工资增加到 1 万元以上，远远超出了他们真正能创造的价值。

据目前仍留在成都做研发的 CP 介绍，一些特殊的岗位，比如 UI（User Interface，用户界面）、特效、动作、Universal 3D 程序员、数值策划以及海外运营，一直以来都难以招到合适的人才。以美术为例，一般游戏开发团队至少需要一名拥有一年以上经验的美术设计师担当主美（首席设计师）。团队数量激增，导致有经验的美术供不应求，不少团队只好退而求其次转向招聘应届毕业生。这样一来，就连完全没经验的应届生的薪资都上了一个台阶。

3. 团队缺少项目管理意识

一位主要投资成都团队的投资人告诉记者,成都有很多团队存在项目管理意识不足的问题。从市场调研到立项再到内部的项目推进,流程对于手游研发来说其实非常重要。他曾投资的一个公司的产品基本完成了,也做过小型的不上量的测试。但由于在项目管理过程中服务器端的推进存在问题,早期没有做结构方面的压力测试,最终导致虽然产品本身各方面还都不错,但上线后无法接受大的用户上量,只能回炉重造。项目一再推迟上线时间,最终错过了机会窗口,造成产品失败。

4. 缺乏研发经验交流

在很多成都CP的眼里,成都的手游圈一直很热闹,各种咖啡馆里各种沙龙人声鼎沸,可问题在于,这些活动几乎全都是商务交流,很少见到研发团队之间技术性的交流和分享。频繁地参加商务活动,对于游戏开发几乎没有实质性的助益。从这些活动上的活跃人群来看,成都更像是一个商务主导的市场,缺少持续做出好产品的土壤。

5. 契约意识淡薄

不少成都手游人表示,成都手游圈在处理投资问题时往往更偏向人情而非契约,而与之相矛盾的,是CP团队与投资人之间的相互不信任。一方面不少小团队自身素质比较低,拿了钱却交不出产品的情况时有发生,因此投资人不得不提高警惕;另一方面也确实有很多创业者心思比较单纯,加上确实急需资金,因此在签订投资协议时往往不太在意协议的具体条款,最后即使发现问题也很难找到圆满解决的办法。

就这样,不少小团队冒失地开始了创业,却根本没能找到进入市场的正确方式,最终被迫带着没有完成的产品默默解散。而团队解散后流散出来的这些人,一批被大公司所吸纳,也有一部分转而从事其他的行业。

此外,不少解散的团队选择了离开成都。实际上,成都大部分团队的核心成员都来自北上广,很少有成都当地的。他们一旦遭遇失败,大多会选择回到北上广。这也是成都 CP 数量骤减的另一个重要原因,新鲜血液越来越少了。

无数人追着手游的热潮来到这里,烧光了热情和积蓄,最后黯然地离开了。明天,太阳还将照常升起,相信他们也将找到新的出路。

直播 App 呈井喷趋势

大数据监测平台 Trustdata 发布的《2016 年移动视频直播分析报告》指出,自 2015 年 10 月到 2016 年 6 月,视频直播市场日活跃用户规模增加 1 倍,超过 2400 万名,呈现出强劲的发展势头。在形势一片大好中,视频直播无疑成为资本最为关注的领域,早已掀起了发展模式与资本实力层面的较量。

众多直播 App,到底哪家最好?为此,处于国内前几名的 App 往往要打一番嘴仗。尤其是那些后起之秀更是紧追不舍,因为行业排名地位是获得资本关注的主要指标。但是,直播始终只是手段而已,产品内容导向才是重要的风向标。

以秀场和游戏直播为主的线上直播模式早就在国内有一定市场(如 YY、斗鱼 TV 等),秀场经济商业模式以送虚拟物品为主,主播月入上万非常容易。直播从以前的职业主播开始向"人人都当主播"转变,虽然网红名人资源依然是主旋律,但是不同于以前的秀场模式的是:直播内容变得更加生活化,直播躺在床上和你聊天,直播吃饭,直播睡觉,还有直播写代码的。与职业主播不同,用户主播更加走心,更加接地气,直播成本更低,打开手机简单得就像和朋友开视频一样。

其中,以下几个直播 App 可以重点关注。

1. 要看直播 ULOOK

偏重专业生产内容(Professional-Generated Content,PGC)的要看直播有非常多球赛、发布会、音乐现场的直播,媒体资源非常丰富。在用户生产内容(User-Generated Content，UGC)方面也有很多话题提供给普通用户参与，在直播过程中用户可以打赏现金给主播。虽然大型球赛和娱乐发布会不能互动，和在家看电视直播没有什么区别，但是小范围像学校的篮球赛之类的直播倒是可能会有不错的效果。

2. 逗播

逗播应该是除了内容以外，其他功能也很特别的一个产品。首先和其他直播平台的设计不同，逗播把每个内容做成 1/4 屏幕形状的卡片，点击量、位置、题目都醒目地标在内容中间，有与众不同的视觉效果。尽管基于位置的服务(Location Based Service，LBS)在社交产品里已经显得鸡肋，但逗播里还是加入了 LBS 搜索功能。此外，播放页也有手势操作，上滑关闭直播，下滑举报直播内容，这样可以让用户参与把控直播违禁内容。

3. 映客

已经有超过百万名注册用户的映客，可以在直播过程中通过手势上下滑换房间，这样的操作很像在看电视时换台。购买虚拟物品(保时捷等)支持喜爱的主播，主播会收到虚拟物品 30％的分成。评论区花花绿绿的小表情，更像是传统秀场直播的形式，尤其是在某观众送了主播一辆"保时捷"的时候。

4. 易直播

易直播把内容通过时间轴分类，回放、现在、预告，让用户更加不容易错过正在直播的内容。在活动中，有不少方言、笑话等门槛低的活动供用户参加，也有网络春晚、招聘这种需要一定技术活的主题活动。合作频道中有大量媒体或者网络红人的直播内容，像是点掌财经、南方都市报，财经内容是所有直播产品中比较少见的。

5. YOLO

YOLO 主打私密直播。用户需要添加好友才能参与直播，如果是熟人社交的话就没必要直播了，微信也加入了视频群聊功能。不过基于直播产品只能有一位主播，可以控制观看用户的身份，让主播认识的熟人观看内容更加安全，但是，违禁内容不好把控。

此外，打着直播名号的也有不少好产品：

1. 海淘直播——波罗蜜

海淘时，大家最担心的就是：是不是真货？如果用直播告诉用户是真的在海外购买，是否会加大用户的信任度？答案是肯定的。波罗蜜直播的内容不光只是逛买，还有一些产品试用、使用方式的介绍，用户可以在评论区交流产品使用心得。产品试用直播不禁让人想到一个熟悉的画面："最后还剩10组！只要998！只要998！"虽然有点电视购物的意思，但这样的方式大大提升了信任度，减少了海淘的风险，也是非常不错的电商销售方式。

2. 健身直播——菠萝直播

菠萝直播是一个减肥健身直播平台，和一般直播平台不同，菠萝直播大多是健身、运动、舞蹈的内容，给健身爱好者提供分享健身技能和社交的平台。除此之外，平台还有专业健身教练提供的正确健身方式，供健身爱好者参考和学习。

3. 二次元直播——呆毛 TV

呆毛 TV 像一个有直播功能的 A 站、B 站①，直播中编辑文字点击"射"就可以发送弹幕。虽然专注于二次元直播，但是很多内容并不二次元，其中不乏闲聊及制作羊毛毡工艺品的内容，如果给它换个名字，应该叫"二次元用户不二次元日常"直播平台。

直播是人类联络全世界最直接直观的方式，在人人有手机的时代，移动端

---

① A 站指 AcFun 弹幕视频网，B 站指哔哩哔哩（Bilibili）视频网站，两者都是极具互动分享精神的潮流文化娱乐网站。

直播把每个用户都变成了自媒体,每个用户输入的信息都有价值。但想要在直播 App 中突围,除了要解决传统流媒体的技术问题以外,最重要的还是优质内容,一个红人明星可能就是一个内容 IP。

但普通用户想要收获更多关注,可能需要颜值、声音值(音色、话术)、场景、技能(唱歌、吃饭、睡觉)的各种配合。另外,由于直播的即时性,来得快去得快,内容监管也是一大难把控的因素。

直播的最大局限是,好的内容没办法及时推出去、网络环境太差、不可控的因素太多。使用过这些 App 后会发现,几乎所有直播产品都有回放功能,不管是直播平台还是视频平台。不知道这是否背离了直播产品的初衷,不过直播内容自动存储下来,或许是向视频类应用转化的一种方式。

智能商城App：帮众多中小商家叩开移动互联网大门

3G、4G网络已经进入千家万户，移动互联网正以迅猛之势向前发展，人们的消费习惯也随之改变，从"上线"变为"永远在线"。在这样的大背景下，智能商城App不期而来，传统营销从此多了一条销售途径，而这条途径完全是智能化的，有着全新的营销理念与方向。

移动互联网正如春雨一般无声地改变着人们的生活方式。智能商城App改变了传统的营销方式，它让营销更加多元化、亲民化，也让客户获取信息的方式更加方便、快捷、准确。

作为一种直观、简单、信息全面的营销模式，智能商城App不仅仅为客户提供各种智能产品，还提供最新最热的行业资讯等等，让客户足不出户就能得到更多实惠和便利。通过智能商城App，客户能够更方便地购买自己需要的智能产品，并且对于不同的产品进行品质、外观、价格的比较，从中选择出理想的产品。作为一个公共服务平台，智能商城App能够让客户货比三家，选择出适合自己的产品，减少购买产品的麻烦。

智能商城App的营销模式打破了传统行业单一渠道的弊端，开辟出一条全新的产品销售渠道，能够让企业在市场经济大潮中很快扎根，尤其对于那些缺乏竞争实力、销售渠道不畅的中小型企业来说，这种营销模式能够大大提升企业形象、品牌实力和客户满意度等软实力。智能商城App可以实现企业与终端消费者之间的线上线下互动，并将企业营销、移动互联、电子商务、供应链管理集于一体，为企业打造最合适的盈利模式。

当然，在发展中也存在许多问题。尽管App商城有很多，但产品质量低劣、服务冷漠等问题层出不穷，很多App商城只是一味地寻求客户，却不怎么关注质量和信用问题。

如果智能商城 App 想真正打出一片属于自己的天地,就要贯彻"客户是上帝"的服务宗旨,以"诚信以待,合作共赢"的理念认真对待每一位客户。只有这样才能打造出高水平的智能商城,真正为用户提供准确、及时的智能产品信息和新闻行业资讯。

App 营销走俏,连中国纸业都有了自己的 App,这让许多中小造纸厂拥有了进入移动互联网的机会,也为全国纸业信息的交流提供了一个良好的互动平台,使造纸企业的营销费用大大地降低,又多了一个全新的营销通道,在市场角逐中开拓了大力发展之路。中国纸业 App 汇聚了当前国内最全的造纸企业信息数据库,提供最细分的供求信息,已经成为造纸行业访问量最高、用户量最大的 App。

据介绍,利用一个特定的生成系统,全、快、优、省的优越条件,中国纸业 App 从设计到全线展示,仅仅用了 2 个多月的时间,这为许多中小造纸企业提供了进入移动营销领域的良机。

相对以往的传统营销,中国纸业 App 营销具有许多不言而喻的优点,中国纸业 App 为什么会受到那么多企业、客户的一致好评?一则信息刚一公布出来,立刻就有许多商家发出咨询,这是传统营销时期不曾有过的事情;某家造纸企业入驻这个 App 之后,销量一下子就提高了很多,随时都可以看到行业的种种信息,能在最短时间内抓住商机。从客户的评价中得知,中国纸业 App 带领一大批中小造纸企业走出了一条新的营销道路,为他们带来了大量的客户。

作为行业领先的网络营销模式,智能商城 App 借助移动营销强大的平台力量,需要用心打造高品质,无论是相机、电脑、手机还是服饰、化妆品等,都要保证产品质量。对每一件进入商城的产品,都必须认真筛选和严格把关,把所有的假冒伪劣商品拒之门外。致力于为客户提供优质服务,包括售后维修以及退换货服务，只有这样才能获得广大客户的青睐和信任，成为行业的先锋。

一星期前，正在装修的张先生通过八王坟建材市场 App 商城，找到了自己一直想购买的德国卫浴产品。目前，八王坟建材市场的 4500 多户商家已经在 App 商城上开通运营，为人们购买建材提供了一种便捷的方式。

八王坟建材市场 App 商城经过 3 个多月研发而成，集家装资讯、便捷购物、生活服务于一体。在 App 商城，客户和商户可通过多种方式，实现从线下到线上的无缝链接。客户可以在 App 商城获取优惠券、参与抽奖、了解产品信息，还可以用手机识别和储存名片、自动输入短信、获取公共服务等。同时，App 商城具备自动导航功能，帮助用户准确到达店面。

八王坟建材市场负责人说，作为北京市最老牌的建材卖场之一，八王坟建材市场积极参与"互联网＋"时代，倾力打造这款建材家居 App 商城平台，更好地为市民提供及时、便捷、全面的智慧服务，接下来将进一步做好用户线上体验，为用户提供各类有帮助、高价值的服务，在线下基于用户实际需求，以实体店为基础，为用户提供更多"看得见、摸得着"的价格实惠和服务体系。

智能商城 App 的经营方针应该是"品质赢客户，实力有保证"。精心为客户提供每一款、每一件产品，款款经典，件件品牌，做到让消费者购得放心、舒心。同时，智能商城 App 也要直接与供应商建立稳固的合作关系，以降低购销成本，保证 90％ 的货物价位都低于门店的零售价。为了让客户能够了解他们所中意的商品，每一件商品都应该提供高清数码相片、详细的技术性能指标和制造厂家的简介。也要采用不同的付款方式，配备快速的送货团队，让注册成为会员的客户感受到更多的惊喜。

最后，智能商城 App 要想有大的发展，必须以优质产品为基础，便捷购物为模式，贴心服务为宗旨，为客户提供完美的购物新体验。

达令 App： 新、奇、酷，助你买到全球好货

目前，移动购物商城类 App 数不胜数，例如淘宝、天猫、京东等。这些大家耳熟能详的 App，其主流商品在价格方面比较透明，并无多少差异。

在移动互联异常火爆的时代，那些应运而生的移动营销走上快速发展的高速路，但其实际效果却并不那么尽如人意：收到的实物与卖家描述有天壤之别，投诉热线好像永远打不进去……这种不负责任的营销让客户恨之入骨、大吐苦水，移动营销商也难辞其咎，还得替厂商挨骂。

达令 App 就是在这样的环境下应运而生，铆足劲铲除移动营销的不正之风，在声讨、抵制孬货的火热行动中，打出全球一手好货的王牌。

作为刚刚面市的移动营销商，达令 App 却能准确把握青年人群心理，依靠优质的产品以及良好的服务体系，吸引大批量粉丝客户，创造出更好的网购体验。甚至连"小鲜肉"鹿晗也摇身变为达令的投资人，他的粉丝们迅速成为达令 App 的铁粉，更有白百何、文章、马伊琍等明星助阵，让用户们除了贡献真金白银外，还为达令 App 提了大量有诚意的改进之道，为达令 App 献出了自己的智慧。于是，达令 App 在构筑全球一手好货的路上，有足够的底气，与消费者零距离接触。

物流仓储是移动营销商发展的坚实后盾，达令 App 的全球一手好货，由 300 家海外品牌方以及优质经销商批量直采，品质放心，价格有优势。同时采取保税区发货的方式，到货速度和国内网购无异。其仓储面积在业内算是最大的，北京、杭州两个城市的仓储面积均达 10000 平方米，作业人员 100 人。目前，郑州保税仓仓储面积已达 3000 平方米，作业人员 50 人，同时深圳保税

仓、杭州保税仓也即将开通。据相关负责人透露,达令正在筹备海外直邮战略,为消费者提供更直接、快速的购物体验,以更低的成本让利给消费者。每逢节假日,快递爆仓的问题饱受诟病,但达令App依托标准化、信息化的高标仓储中心,为客户提供高效的仓储管理、精准的仓内作业、优质的配送服务。达令App承诺24小时快速发货,同城客户第一天下单,第二天就能收货。据统计,全国各地的客户会在2~3天收到货物,即使是在十一、五一、春节等假日期间也保证送货率。此外,不少客户都有过收到的包裹脏乱不堪的经历,但达令App令人耳目一新的包装设计让客户大加赞赏。

主打全球第一手好货的达令App,其经营法宝就是利用智能大数据。在达令采购商品的过程中,有65%的决策来自数据,只有35%才是买手的经验。例如达令App要上新1万件商品,系统依据智能大数据选出3万件,再由采购从中选出最终的1万件。比如,无论是美国水宝宝、日本OMI,还是法国兰蔻、韩国LG、法国Bioderma,众多国际大牌任你选择。尤其是进口食品,像韩国的黄油杏仁、香蕉牛奶,菲律宾芒果干等,在达令App上通通可以买到,价格还相当优惠。无论你是想买护肤品还是美妆、减肥产品,都可以在达令App得到新、奇、酷的个性体验。

此外,达令App有近100人的采购团队,大部分驻扎在海外,小部分在国内,还拥有相当负责的品控团队,严格把控供应链质量和安全。其采用自营的经营模式,平台上的商品99.5%来自海外。在采购方面,达令App以新、奇、酷为主,遵守严谨的采购原则,对所售商品的品质实行严格筛选,使客户在短时间内获得很多独家首发的产品。这样的跨境电商模式安全、放心、靠谱,作为一家在短时间内集聚了1000万个用户的电商,达令App立志于不让假冒伪劣产品进入平台。

正因如此,达令App才能够从惨烈的市场竞争中胜出,创造出几个月激活用户超千万、每个用户平均每天逛3次以上、每天转化率稳定在8%以上的佳绩。高转化、高黏性、高频次,这"三高"指标被达令App演绎得淋漓尽致。

互联网时代的营销困境: 学"迷你任务",换条路更好走

在游戏中,一个玩家"死"后留下一个手提箱,当其他玩家捡到这个手提箱后,他们会获得一个特殊的迷你任务,完成任务就可以获得武器奖励。这个元素可以是不断延续的。这就是《COD 10:幽灵》中的迷你任务。而今,移动互联网时代的营销困境能否如《COD 10:幽灵》一样,创造出一个迷你任务?

打开手机,五花八门的内容令人目不暇接。但是,当人们发现多姿多彩的内容实际上都是广告、软文的时候,再想让他们进入这个平台,几乎就是不可能的事。这时候换个思路,换种新的方式,运用真正有说服力的资源、出人意料的创意和感动人心的营销手段去做品牌营销,往往会收到意外的效果,比如App 营销。国内一些大品牌已经进行了多次试水,比如推出了品牌的 App,有很多令人感动、震撼的创意,效果也达到了商家的预期效果。

想要在竞争中分得一份蛋糕,理想的做法是比其他商家快一步,除了做品牌的 App 之外,在移动营销方面还有没有其他途径适合做品牌的营销呢?创意是源源不绝的,比如"疯狂猜图"里面就有很多的品牌,客户在玩游戏的过程中,不知不觉就对品牌有了一定的认知,并且也不讨厌它们的存在。中小企业可能没有精力去策划、制作、推广独立的品牌 App,但是借助移动平台,一样能达到营销的目的。

现在,就有一款 App"迷你任务",企业在这个平台可以发布任务,每个客户都可以用碎片时间去完成一项项任务,通过照片、问卷、LBS 等方式反馈给企业,获得一定数量的报酬和积分奖励。报酬和积分可以用来购买商品,也可以提现或者捐给公益机构。

迷你任务可以在广告监测、商品覆盖率调查、新品价格、市场覆盖率调查、社会热点调查、服务产品的体验和试用、需求调查、商业信息和素材的收集、制假举报、新品测试、品牌活动和商品促销等很多场景使用，可以发布很多品牌营销的任务和活动。

图1　"迷你任务"界面

很多人都有一颗火热的心，热衷于公益事业，但企业如何策划、执行公益活动，却是一个需要智力和财力的挑战。第一，企业有没有计划做公益事业的前期预算？其次，许多的公益机构苦于资金问题，无法实施一个个公益项目。如何摆脱困局，让企业、公益机构、消费者、志愿者各取所需，达到共赢呢？迷你任务经过反复的试验，总结出了行之有效的解决方法。

说到底，迷你任务是这样一个平台：公益机构能够在上面发布信息，让移动用户参与，获得积分奖励；企业也可以参与发布任务，按照任务的完成程度对公益机构捐款；用户得到企业的报酬之后，也可以选择把账户中的余额直接捐助给公益机构。

比如对新开发的智能产品，可以和智能化研究部门合作发布调研活动，发动志愿者参与，因为他们愿意利用闲暇时间配合调研，是高新企业非常理想的目标消费人群。通过合作执行该任务,高新企业可以得到高质量的调研数据,同时也向社会大众传播了企业的公益形象;智能化研究部门也可以得到捐款和数据;对于志愿者来说,可以通过参与该任务得到报酬,而报酬可以选择捐助给公益机构,等于动动手就参与了公益事业。

迷你任务平台可以帮助企业走出营销困境。

1. 走出寻找潜在消费者与信息有效性的困境

企业需要寻找营销市场、了解客户心理或进行尝试性营销,这是了解市场、获得市场需求信息的有效方法。但市场是难以预料的,消费者的心理活动难以把握以及回答问卷信息的不确定性等问题,使新品上市调查大打折扣。而迷你任务通过移动客户定位与信息推送等方式,能够找到产品或服务所吸引到的潜在市场与客户,极大地提高客户的参与意识和收集到的信息的质量。

2. 走出获得客户与产品营销的困境

获得客户的青睐是企业销售产品的最关键一步。可是,消费者数量之多、分布之分散、调查之复杂,常常迫使企业花费大量的人力、物力去做这件事情,结果却不尽如人意。例如,广告公司需要投入大量人力去检查户外广告情况,企业需要动用很多人做商品宣传和促销活动。然而,迷你任务可以借助消费者的力量去实现这些,从而大大降低企业的营销成本,同时还能推广企业产品,获得消费者的信息反馈。

3. 走出客户体验企业产品和服务的困境

客户在按照一定的要求做完一件事情的时候,需要去现场检查,这就是他们体验和了解产品和服务的过程。在此过程中,企业可以把客户做任务和产品体验的行为转化为消费,同时还可以方便地了解到客户的真实想法。比如客户参与某产品的市场调查任务,在执行任务的过程中,需要客户到现场体验,并针对该产品的某些问题进行反馈。如果客户对产品反馈良好,就会成为该产品的第一批拥有者,甚至会将其推荐给亲朋好友。

4. 走出企业和客户沟通的困境

企业发布任务时,可以将任务发布给目标客户去完成,达到精准化营销的目的。同时,当客户完成任务后,企业可以通过迷你任务平台与客户持续沟通,这样一来,企业可以针对特定的客户目标,抽样发布任务,收集产品信息,对客户进行长期的行为分析和研究。这些分析数据将为企业未来的营销提供十分有用的信息。

5. 走出公益营销的困境

迷你任务能够使公益事业持续发展。支持公益事业发展、帮助那些处于困难中的人、奉献出自己的爱心,谁也不会拒绝。但是,能长期、持续、大量地拿出资金资助他人的人毕竟是有限的。利用碎片时间进行简单操作,在举手之间就能做公益,很多人都乐于参与。迷你任务不仅是移动用户参与公益行动的便捷路径,更能使企业连接用户,与消费者合作并获得回报,再奉献给公益事业,使用户的公益之举能够长久持续下去。因此,迷你任务不仅是用户参与公益的渠道,更能够解决参与公益的资金来源问题,使公益事业持续发展。

电商竞争加剧： App 营销是企业胜出的下一个突破口

当下，移动互联网营销十分火热，这不仅是一条营销渠道，更是一个有巨大盈利空间的市场。当然，为了各自的利益，电商之间展开了激烈火拼，从B2B 模式到 C2C 模式，再到 O2O 模式等等。为了稳定市场地位，电商巨头间的竞争不断加剧，不管是进行广告式轰炸还是开打价格战，对整个电商行业而言，是不利于其健康发展的，会导致更多的难题接踵而来。

亚马逊与阿里巴巴正展开一场悄无声息的战争。2014 年 8 月，亚马逊宣布在上海自由贸易区设立一家新的跨境运营中心，跨境运营中心或许成为亚马逊提升业绩的主要方式，但在实际操作中仍然面临着许多难题。亚马逊在这个风险项目上能否成功，可能取决于其如何衔接国际商家与中国消费者，以及如何解决耗费时间的跨境配送问题。亚马逊中国要解决的另一个困难是独立的决策能力，一些媒体报道已经暗示，亚马逊中国没有决定权，重大决策必须提交给美国总部做出。

其对手阿里巴巴是一个强大的敌人，在中国占据了巨大的市场份额。按照各项指标衡量，阿里巴巴都是中国规模最大而且利润最高的电商公司，控制了中国 80％的电商市场。亚马逊只有从整合旗下的中国和外国的业务中获得收益，但商品必须经济实用，才能赢得阿里巴巴平台上那些客户们的注意。

在移动互联网营销的强大吸引力下，中小企业也在忙着寻求新的突破口，它们更想利用低成本来达到高收益的传播效果。移动营销使智能手机成为一个很好的载体，而 App 中不仅仅包含文字，也有丰富多彩的图片和视频展示，给消费者带来全方位的感受;对企业而言是很容易植入企业信息、产品信息的媒体,如果能够利用好App,将会收到意想不到的营销效果。

但是,尽管App开发公司承诺可以为企业提供策划一套较完善的面市、推广系统,有些企业仍然持怀疑态度,认为在数十万个App中,客户对企业App并不"感冒"。App开发商们的共同的意见是,以国际性公司为主的品牌客户目的很清晰,他们的关注对象只是自己的特定目标客户,并会采取针对性的手段使该款App被客户下载到手机中。

可以说,具有发展潜力的企业不会将App的制作看成是一项独立的行为,它与企业本身的一系列营销计划联结在一起,并通过直接抵达目标客户的渠道与App开发公司共同推广。

三星在Galaxy 2手机上市以前,就为这款手机拍摄了一部有影视明星参演的微电影,并在微电影的片尾处跳出下载App的二维码。另外,该公司还通过三星官网与官方微博大力宣传App及微电影,企业的营销力量加上App开发商通过移动广告平台、其他热门应用广告位等的推广,使App的推广达到最佳效果,最终三星Galaxy 2手机的营销App获得了10万次以上的下载量。

专家们在背后出谋划策,三星在App中设计了一个增强现实功能。用户在下载了这个App后,不仅可以看到公司促销活动的虚拟图像,在数码商场中拿App对准该款手机,各项商品的参数尽收眼底。各种卖点推高了这个App的下载量,企业对移动端的成本投入也达到了最佳效果。

在App浪潮中,App成为新的专业营销平台。App促销不再是叫喊无力的打折、买赠,不再是单纯的煽动性海报,而是多种方式的结合。

那些年,秀水街也乘着改革开放的春风,甚至有人将其称之为"用改革开放的剪刀裁剪出来的21世纪的清明上河图"。面对移动营销时代的来临,秀水街跟随时代的步伐,实施移动化营销战略,开发了移动终端顾客服务系统——秀水街 App。可以说,秀水街从某种意义上又开创了商业营销的新纪元。秀水街 App 的上线,对秀水街实体店商家实现打通线上与线下,进而开展线上线下互动的经营模式,有着非常重要的意义。

从秀水街 App 上的清晰分类便可以看出,秀水街 App 是一款集时尚、潮流、资讯与高端产品在线销售为一体的尚品商城,不但提供了丰富的时尚资讯、品牌故事、穿衣搭配技巧,还根据广大消费者需求提供了寄卖商品及个性定制等服务。秀水街 App 满足了不同层面消费者的购物需求,消费者可以在线查找,查看联系人及联系方式,随时拨打商户电话、发送短信咨询、订购商品。

据某媒体报道,许多消费者认为:自从下载秀水街 App 之后,逛街不再漫无目的,通过 App 便可完成第一轮目标搜索,选定自己心仪的商品,直接查看卖家的联系方式,到实体店试穿试用,很快便能完成交易,相比以前逛街更省时省力。这款 App 的出现,不仅为消费者提供更多优惠资讯,还为秀水街的商家提供了便捷的营销渠道,赢得了诸多商家的青睐,每天有数以万计的客户通过这个平台完成交易。

明智的企业都懂得,利用促销 App 有百利而无一害:第一是促销 App 的出现,大大降低了促销成本。第二是以促销为生,厂商客户互惠互利,没有应用商店的那些规矩,对于开发者会更友好。第三是促销平台整合这些 App 后,也可以搜集到多个 App 的用户群,客户范围扩大。如果开发者谈促销条件的时候,以把自己的 App 推向多少某个区域的新用户作为条件,也是合理的。第四是专业促销 App 形成的模式,可以更好地贩卖相关 App,比如以套件形式促销,用户购买一个 DVD 刻录 App 后,再购买一个视频剪辑 App 的可能性比较大。

第三章

选对 App，让营销有的放矢

网购类 App： 淘宝、京东、当当，谁在唱主角

随着智能手机用户的普及，各种网购类 App 扑面而来，网购成为人们购物的一种重要形式，并且，伴随人们生活质量的提高，这种消费方式逐渐成为主流。据广州一家 App 开发公司调查发现，绝大多数人使用手机的时间要绝对多于浏览网站的时间，原因很简单，手机设备上的 App 界面的设计非常简单明了，信息的覆盖面对用户来说既实用，又非常具有针对性，十分符合用户的个性化体验需求。

现在，日益发达的高科技让人们的生活越来越方便，购物不用去商店，有一部手机就可以做到。面对越来越多的移动购物应用，移动电商 App 淘宝、京东、当当到底谁在唱主角呢？

淘宝 App 的用户界面由天猫、聚划算、天猫国际、外卖、天猫超市、充值中心、飞猪旅行、领金币、拍卖、分类等组成，涵盖了阿里巴巴集团旗下的几乎所有主要产品。设计的商品展示页面很有特色，收藏、加入购物车、购买按钮始终居于页面底部位置，用起来十分顺手。

京东 App 的页面设计看起来特别清晰，但也有其缺点：首页长、缺乏灵活性，商品展示页面不太吸引人。优点是用户评论较清晰（好评、中评、差评）。类目浏览尽管清晰，但到最后一级才能看到商品，增加了一些不必要的操作。

当当 App 的页面也是足够吸引客户眼球的，包括首屏、口袋超市、赏书会、猜你喜欢。口袋超市主要是食品和日常用品，操作方便。商品展示页面设计与京东有几分类似，但其导航页比京东优化了许多。

当当 App 的主业是图书营销，客户可以下载电子书客户端，首页有当当

榜,如图书畅销榜、音乐畅销榜、影视畅销榜、新书榜等。赏书会中不仅有各种榜单,每天还为用户更新 5 条精彩书评,都是针对爱书用户的贴心设计。

从 App 功能来说,首推京东和当当,除去条码扫描、语音搜索,还有图书封面扫描,成功率也是很高的。三家 App 都有省流量模式,淘宝和京东在没有任何提示的情况下自动加载低画质图片。当当不仅给了用户提示,还可以在设置里自由切换。

从价格方面来说,淘宝的价格最有吸引力,与京东、当当相比更具诱惑力。京东与当当相比,图书类当当比京东价格要低一些,如,某客户购买了两本书进行对比,当当为 92.5 元,京东为 93 元。

从物流速度方面来看,京东自营类商品发货是最快的。但如果是入驻商家发货,速度比淘宝差太多。当当的物流速度虽然也慢,但很敬业,下班时间也会给客户送货。淘宝的物流速度主要取决于发货地点,许多客户在买东西时,首先考虑的是卖家所在地,其次才是销量、信誉等。

从支付方面来说,因为京东不支持支付宝,而当当是支持的,支持方式的兼容性和便利性也影响着消费者对平台的选择。

其实,淘宝、京东、当当这三家各有优势,大家都需要,所以形成了三足鼎立的态势,各自占据一定份额。

人们越来越习惯于把业余时间用在浏览手机页面上,网购类 App 也顺其自然地成为各家生活服务企业强有力的竞争武器,生活服务行业的商户们也从抢占市场转为赢取 App 用户。让所开发的手机 App 充分发挥其价值,不仅可以为产品提供有效的宣传推广,还能帮助商家留住客户,管理客户。网购类 App 的诞生,符合当代社会发展的潮流,是时代发展的必然趋势。

分享类 App： 美丽说、蘑菇街，在"她"文化上做文章

移动互联网以及 App 在中国的爆发式增长，也就是最近三四年的事。而分享类 App 的兴起，只是在最近两年。大多数评测机构以及 App 开发者们对产品的分析往往是盲人摸象。所以，开发商还是会专注于产品，根据既定战略走稳每一步，把能做的做到最好。

有人问：谁的钱最好赚？销售员答：女性。在移动互联网时代，使用智能手机的女性比比皆是。那么，何不开发一款专门的 App，来赚女性的钱呢？蘑菇街、美丽说等就是专门为女性购物开发的手机 App。

作为一款专为爱美女性量身打造的 App，美丽说界面十分人性化，粉嫩、清新的界面与色彩丰富的图标，搭配屏幕下方充满灵动曲线的功能键，营造出适宜女性购物的氛围。通过屏幕下方的功能键可以跳转到首页主题推荐、热门内容推荐、拍照以及个人信息等板块。首页界面以微博形式出现，女生们可以把本人的靓照、体会等分享给朋友。

时尚服饰全占有。提起女生们最钟情的活动，除了逛街哪项也排不上第一。各种购物网站纷纷登场，也让众多女生们足不出户就能够挑选自己喜爱的服装饰品。而面对网上琳琅满目的商品，如何快速挑选出最称心如意的时尚服饰呢？美丽说能够帮助时尚女性们解决这个难题。

美丽说会为女生们发布最新时尚资讯，还能够按照本人的爱好分类查找最喜欢的短裙、皮草、长筒靴等。查找到自己喜爱的服饰后，就可以看到它的照片、售价以及相关评论。

那么，问题来了：如何购买呢？如果你可以选择去商家的店铺查看详情，

点击相应图标就能够立即切换到相应商品的淘宝页面,无论是立即购买还是进入店铺查看更多商品,都能够在美丽说中轻松完成,对于熟知淘宝购物流程的女生们来讲驾轻就熟。

"对女人最大的惩罚是给她买最漂亮的衣服,却把她关在没有镜子的屋子里",这句玩笑话说出女性爱美的本质——自己的美丽需要与他人分享。美丽说的拍照功能其实是在告诉女生:别让时尚美丽、穿戴得体的照片只是存在自己的手机相册中,及时秀出靓丽的自己才是王道。这款应用还集成时下流行的照片美化功能,让女生能够对自己的照片进行美化,还可以挑选并配上精美的相框。

"一花独放不是春,万紫千红春满园。"美丽说不仅支持用户把精心拍摄、美化的照片发布在 App 上,还提供丰富的拍照分享主题活动。你不仅能够看到众多好姐妹们漂亮的照片,更能够参与其中和她们共同组成一道靓丽的风景线。

前面介绍过,美丽说以微博形式将女生们喜爱的服饰搭配心得呈现出来,这款 App 的个人信息界面与传统微博类 App 几乎完全相同,很容易上手。女生们在这里能够便捷地查看自己发布的消息、相册、收藏的物品信息,还有那些关注的姐妹的消息、私信等。你可以根据流量多少去选择浏览模式,即使在流量不多的情况下也依旧可以畅游美丽说。此外,美丽说还能够将微博账号、QQ 空间同步,与更多好友分享快乐。

相对于其他移动社交类 App,美丽说是专门为时尚女生制作的,讨人喜欢的界面风格、流行的社交模式、方便的淘宝购物以及自拍美化与现今女性的日常生活密不可分。

美丽说的开发团队成员来自 IBM、微软、百度等著名企业,所以,其 App 功能十分强大、完善,其目的是让每一位女性都变得更美丽、更自信,"陪你美丽每一天"。在这里,女生们在找宝贝、交朋友,甚至是在关注的朋友的转发评论中，都会遇到大量时尚、有趣的网购大咖。

下载"美丽说"的方法有很多，比如在苹果 App store、美丽说官网等都可以随时下载，同时也提供二维码的下载方式。此外，女生们通过 91 手机助手也可以下载，非常方便。目前仅是使用苹果客户端的客户就有 100 多万个。

不管是搜索量还是下载量，蘑菇街和美丽说这两款 App 可以说是不相上下，但相对而言，美丽说技术实力更强，功能更丰富，蘑菇街的技术比较弱，用户在使用时比较耗流量，还经常发生闪退的情况，正在慢慢改进中。

爱美是女生的天性，她们对手机 App 格外挑剔，这些时尚服饰 App 的界面如何才能更加吸引人呢？打开蘑菇街，你就会看到一个全新的界面：可爱、整洁、直观，色彩舒适、丰富，第一印象还不错。对第一次使用的女生，蘑菇街的注册和登录选项操作都不麻烦。蘑菇街主打的是土萌和"山寨"，美丽说非常注重时尚和个性。

这两个 App 的用户体验如何呢？蘑菇街比较人性化，界面简单，但分类上没有什么优势，有点淘宝的味道。此外，蘑菇街上只能看到淘宝上的商品，许多其他流行的购物平台如凡客、优衣库、聚美优品等等，还无法接入蘑菇街。美丽说的考虑就比较全面，商品分类更加清楚，女生们还能在达人频道中看到许多有经验的高手，并且可以与她们交流。另外，美丽说还上线了"杂志社"，任何一个女生都可以成为时尚主编，编辑出一份风格独特的杂志，非常有吸引力。同时，美丽说还经常推出化妆品优惠活动，App 会主动提醒用户关注。

从以上比较来看，蘑菇街在各方面还有许多提高的空间，而美丽说无论是在登录账号、界面以及便利性方面，都比蘑菇街要好，要想尽情购物、欣赏其他女生的装扮、分享自己的购物心得等等，进而让自己越来越美丽，美丽说要更好一些。

美丽说和蘑菇街都是从淘宝导购开始的。但美丽说引流到淘宝店的买家质量好，购买转化率高，用户黏性高、重复购买率高，非常受淘宝店主的欢迎，因此店主肯为这些优质流量付出高价。而卖家支付的佣金也成为导购类 App 的主要收入来源。

2011 年，当许多导购网站做得风生水起、纷纷圈地之时，淘宝一下子斩断了其佣金入口，这等同于割断了导购网站的咽喉。随后，美丽说、蘑菇街先后开始转型，方向都是搭建自有交易平台，基于已有的数量庞大的会员转型做时尚平台电商。对于美丽说、蘑菇街的转型，曾有相关人士做出预估：其用户人脉是竞争的资本，转做平台电商确实是它们的最佳选择。但转型面临的困难很多，其既不会搭建交易平台，更缺乏实际管理、运营经验，而在转型后，能否保持高度的客户黏性，怎样获取更多用户成为一块坚冰。

自 2012 年起，智能手机开始进入直线增长时期，微信迅速成为手机用户的最爱，为本身就具有社交性质的美丽说、蘑菇街带来了有力的转型机遇。蘑菇街针对消费者需求，致力于打造"时尚买手"特色。而美丽说的移动化更彻底。美丽说负责人表示，2014 年起其就已经没有 PC、移动部分之说。在紧抱腾讯大腿之后，美丽说获得了腾讯的移动入口资源，手机 QQ、微信钱包入口先后开放给美丽说。对于腾讯的加入，行内权威人士认为，腾讯入驻美丽说可能是出于战略性考虑，通过入股美丽说来布局电商。但后来腾讯又入股京东，其电商战略主要通过京东来实现。不过，美丽说还是获得了腾讯的大量资助，尤其是在如何实现电商与微信流量的结合等方面的实践，随即出现双赢的局面，让美丽说的转型成功率大增。2014 年，美丽说成交额为 56 亿元，蘑菇街的成交额也达到 36 亿元。从这两个数字上看，两家导购网站已经成功转型平台电商。不管是在哪个时期，两家网站都有资本驱动的迹象。

2016 年 1 月 11 日，蘑菇街和美丽说以完全换股的方式进行合并，新公司的整体业务价值近 30 亿美元。未来，其将在女性购物市场上持续发力，为女性群体带来更好的购物体验。

打车类 App：　滴滴出行

滴滴出行是北京小桔科技有限公司推出的打车 App。目前，滴滴出行已从只能打出租车，成为涵盖出租车、专车、快车、顺风车、代驾及大巴等多项业务的一站式出行平台。

滴滴出行 App 是一款实用的打车神器，值得一提的是滴滴快车免起步价，最低 0.99 元每公里，价格上有一定优势。滴滴快车最大的优势是可以借助社会闲置车辆和运力，通过大数据智能匹配缓解城市高峰期运力短缺的现象，尤其是会对乘客上下班出行效率带来明显改善。用户可以通过 App 内的"快车"入口直接呼叫"滴滴快车"，有了它，遇到上班高峰期的你再也不用担心，且滴滴快车乘客所付费用都归车主所有，滴滴出行不收取任何费用。

现在滴滴快车非常受欢迎，符合要求的车主可以在滴滴出行上注册成为快车车主。在成为快车车主之后，怎么接单，如何操作呢？

1. 进入主界面，可以看到屏幕下方中央有个"出车"按钮，点击出车，就能切换为"听单"状态。

2. 在屏幕下方还有个"模式"按钮，点击后弹出对话框，可以对听单模式进行设置。实时单就是正在发生的打车单，预约就是有乘客提前约好时间的打车单。

同时，如果你想去一个地方，不想拉其他的单，只是想过去的时候顺路拉几单，那可以在目的地处输入地点，此时就能只接一个方向的单子了。如果开启自动接单模式，那么软件会在有单子时自动接单，省时省力。

3. 当有单子推荐的时候，会弹出对话框，可以看到乘客和你的距离，以及他们的出发地和目的地。如果确定接单，按住屏幕下方的"接单"按钮向上滑动即可。

4. 接单成功后，你可以看到乘客的具体定位，此时只需要把车开过去，到达指定地点后，可以点击屏幕下方按钮"到达约定地点"，等到乘客上车后，再点击"接到乘客"按钮。顺利接到乘客后，就可以朝着目的地出发了。

5. 行驶至目的地后，可以看到屏幕下方的按钮"到达目的地"，点击该按钮。

6. 点击"到达目的地"后，页面会跳至收款界面，确认收款信息无误后，就可以点击屏幕下方的"发起收款"了。此时还会弹出一个再次确认的选框，你只要再次确认无误点击"确定"即可。

7. 将收款单发送给乘客之后，就会出现评价乘客的页面，你可以根据自己的感受给乘客打分并提交评价。

8. 依次操作完毕之后，就可以寻找下一个乘客了。

以上是司机使用滴滴出行 App 的步骤，乘客该怎么使用？

1. 打开滴滴出行 App，如果你身在滴滴出行服务开通的城市，你就可以看到"快车"入口。

2. 在地址栏输入你想要去的地方，记得要选择"快车"选项。

3. 确认目的地后，系统会自动推送给距离最近的车主，整个叫车流程与叫出租车、专车相同。

滴滴快车和滴滴专车都是滴滴出行的打车业务，那么这两个业务到底有什么区别呢？

滴滴快车没有起步价，滴滴专车有起步价。且滴滴快车不仅不收司机的钱，还补贴给司机，滴滴专车收入的 20% 要作为公司的提成，因此滴滴专车有起步价和每公里 2 元以上的费用。

滴滴专车定位于中高端群体，主打中高端商务用车服务市场，与传统的出租车有区别，两者相互补充并为用户提供更加多元化的出行方式。在滴滴专车信息平台上，车辆和司机均来自合法有资质的汽车租赁公司和司机劳务公司，经过层层严格筛选，审核培训。每辆专车都是价位在 20 万元以上的中高档汽车，司机师傅统一着装，全程标准化商务礼仪服务，上下车主动开关车门、提行李，车内还备有免费充电器、饮品、干湿纸巾、雨伞、儿童老人专属靠垫等出行必备用品。

尤其是在一线城市，滴滴专车正成为解决城市运力不足问题的最有效的出行选择之一。滴滴专车自上线以来，已经覆盖北京、上海、广州、深圳等 16 个大型城市，城市数量还在进一步扩张中，用户可以预约专车，可以呼叫专车，享受更优质的出行服务。

2017 年 4 月 12 日，滴滴出行"快车拼车"服务正式在无锡上线，今后市民可通过滴滴出行最新版本 App 体验"快车拼车"。作为当下火热的"网红"出行方式，"拼车"出行的优势在于，不仅节能环保，减少拥堵，而且价格也更优惠。

快车拼车是滴滴出行通过大数据算法，将路线相近、同方向的乘客进行即时匹配，帮助乘客拼车共乘、分担费用的出行产品。乘客若拼车成功，可以享受到比不拼车时更优惠的价格。据滴滴出行工作人员介绍，快车拼车能根据个人或者群体的出行习惯给乘客推荐上车地点，让乘客更好地找到上车位置。系统还能提前判断某段路线的堵车情况，如果发出拼车需求的乘客身处一段堵车异常严重的路上，系统将考虑分配一辆空车，避免拼车成功后，拼友也被堵在这段路上。

拼车的操作与快车没有太大区别。在"快车"页面输入目的地和需要的座位数量后，即可发送快车拼车订单。不过，因拼车需要乘客分享同一车辆的座位，所以最多只能选择 2 个座位。与快车不同的是，拼车均采用"一口价"的计费方式，即使堵车，乘客也无需多支付车费，发单时看见的预估价为多少，到达目的地后就支付多少。如果选择"愿等"，乘客还可获得更多车费优惠。

据滴滴出行提供的数据显示,用快车拼车,一辆车在同一段路程中可以同时满足 2～3 组不同乘客的出行需求,这也将为车主带来更高的车辆利用率,获得更多的订单量。一辆被分享的车,每天可帮助减少 20 至 40 辆车上路,有效减少了能源消耗带来的碳排放。

订餐类 App: 饿了么、易淘食、开吃吧,让本地生活变得更简单

订餐真是一项伟大的发明,它让生活变得更加便利,让"宅"有了合理的理由,无论何时,只要肚子需要食物,就会有专人帮你送到门口,使用体验绝佳。不仅如此,订餐大大拓展了用户的觅食范围,即使距离有点远也能成功订餐。而对于上班族来说,订餐更是一天中最重要的事情之一,不仅选择性更多,不用走出办公室的门就能吃到午饭,也更适合快节奏的生活。

当然,订餐类 App 的市场竞争也达到了白热化程度,比如百度外卖、美团、饿了么、易淘食、开吃吧也开始进入竞争行列。

现在订餐比以往容易得多,只需一款手机 App。百度外卖 2014 年才正式上线,成立之初即表示只做白领市场,更注重品质,目前百度外卖位列全国白领外卖市场占有率的第一名。百度外卖拥有自己的支付工具即百度钱包,为了吸引更多用户,使用百度钱包线上支付可以获得更多优惠。

百度外卖 App 根据用户的位置可自动搜索附近的餐厅,下单后自会有专人送来。知名餐厅、品质餐厅,保障食品安全;轻松点餐、美食分类,随时随地轻松选择;简单快速、轻松买单,急速送达;各种优惠,源源不断。以百度外卖 4.6.0 为例,下单后推荐精选热卖商品,给你的美餐加点料。套餐推荐有更多美味套餐,极速下单任性吃。首页购物车"肚量"大,外卖、生鲜、零食统统装进来。

美团是现在最火的团购网站之一,也是手机必备 App 之一。美团团购提供美食、电影、酒店、KTV、旅游等团购折扣优惠及电子兑换券信息,还可查询商家点评信息。美团网精心打造了"美团"手机 App,简单顺畅的操作体验让

手机用户随时随地享受便捷的团购服务,更有手机用户专享的秒杀活动等。

饿了么的主要业务是外卖,服务于中低端客户,每单平均价格为 10~20 元不等。其线下拓展方式并不是以城市为单位,而是以"大区"为单位,每个大区会有 1~2 人进行推广,同时还有数名短期兼职人员。目前,仅北京就有超过 20 个大区,二三线城市约有 10 个大区。

在送餐方面,饿了么主要与美食送合作,该公司很注意配送速度、保鲜程度。其盈利点不是靠外卖提成,而是全靠服务年费,一般一家餐饮店每年需要交 5000 元左右的外卖费用。同时,对于希望在饿了么上进行搜索推广的用户,也会收取"排名费"。目前,饿了么专注于外卖市场。未来,它可能会慢慢渗入中端餐饮市场。在进入市场初期,饿了么会在小范围内实施抽成盈利的策略。

"2016 年外卖市场的整体交易额、订单量、客单价已经超越出行市场,成为体量最大、价值最大的 O2O 领域……我还想强调的是,外卖之外,还有万物。这个万物,是比外卖体量更为巨大的消费品市场。"2017 年 4 月 27 日,饿了么在上海东方体育中心举行 2017 年年会,约 7000 名员工参加了这场盛典,占总员工数近一半。会上,饿了么 CEO 张旭豪坦言,外卖市场体量已经超过出行,而除了外卖市场外,饿了么还拥有一个极其可观的增长契机——30 万亿元体量的消费品市场。截至目前,饿了么用户规模突破 1.3 亿人,平均每 6 位网民就有 1 位使用饿了么,多家第三方调研机构亦表明,近 3 年来,饿了么的市场份额始终保持第一;在即时配送方面,其旗下的蜂鸟配送的配送员人数已超过 300 万人,日运单超过 450 万单,这也使蜂鸟配送成为中国最大的即时配送平台。

易淘食是餐饮业首家一站式餐饮 App,它可以为广大客户提供移动外卖订餐、订台点菜等一站式服务,致力于打造"餐饮业的淘宝平台"。易淘食自有物流体系易淘送、趣活美食送、上海饱食捷及其他配送体系,可承接餐厅外卖配送外包业务，旨在打造本地生活服务类商户的物流标准化。它以互联网、物联网等信息化技术为纽带，逐步构建可持续发展的同城短途快捷配送系统，最终成为行业内有影响力的服务类物流整合平台。

易淘食以打造并推进本地生活服务类商户的物流、信息流与支付流标准化为己任，为商户带去源源不断的客流，逐步构建可持续发展的本地生活服务业电子商务系统，为当地餐饮企业提供一站式的网络信息化与网络整合营销解决方案，为客户提供全套的生活服务资讯与电子交易服务。在产品和服务上不断创新，为商户、客户、员工、企业、社会不断地创造价值。

而开吃吧以满足广大客户订餐需求为方针，以贴心服务为宗旨，以先进的技术和超强运营团队作为基础，与各高校及重点商圈周围外卖商家联手，为师生及上班族们提供最方便快捷的订餐服务。

开吃吧有网络订餐和电话订餐两种，极大地方便了用户的订餐。另外，开吃吧 App 已经成功上线，不管是使用电脑还是利用手机，都可以享受到互联网＋订餐的乐趣与便捷。

开吃吧号称国内最大的微信订餐 App，只要你关注开吃吧微信公众号后，便可以直接在微信里点餐。现已开通北京、杭州、上海、西安、南京、天津等城市的各大高校的订餐服务，你可以在线订餐，也可以查看餐厅电话、食谱，还可以积分兑换礼品。开吃吧 App 方便了大家的生活，为客户提供健康的美食订餐服务。

新闻类 App： 澎湃新闻、一点资讯，世界动态随时掌握

新网媒澎湃新闻在一夜之间火了起来。该网站上线不久，App 也新鲜出炉。澎湃新闻为什么能瞬间爆红？答案是"靠谱"。在手机上看新闻已经成了很多人的习惯，内容是新闻类 App 的灵魂，遗憾的是，现在的新闻正向着娱乐化方向迈进，断章取义、哗众取宠这些不利于判断新闻事实的手段比比皆是，目的只有一个：引起大众注意。而澎湃新闻则为新闻界带来了一股新气象。

澎湃新闻隶属主打严肃新闻的上海报业集团。与网易新闻、新浪新闻、腾讯新闻等不同，澎湃新闻的内容更加详实有深度。那么，澎湃新闻 App 的体验如何？

打开澎湃新闻 App，你会发现其界面设计得特别"高大上"，每条新闻都以大幅头图＋宋体大号字编排，中间穿插一些热点新闻的标题集合。如果用户向左右两侧滑动，能够进入侧边菜单进行其他操作。在移动侧边菜单时，都是带有 3D 折叠动画的，特别吸引眼球。然而，虽然澎湃新闻 App 的界面很炫目，但使用起来却有一些问题——在安卓手机上，也许是强制使用宋体的原因，也许是大量高清图片的缘故，抑或是没有使用新应用程序编

图 2　澎湃新闻 App 界面

程接口（Application Programming Interface，API）的原因，澎湃新闻 App 使用起来不太流畅，时不时会出现卡顿的现象。这让用户使用起来感到不方便。

澎湃新闻 App 的设计是否延续了今日头条、一点资讯等 App 的思路，用户不得而知，它更在乎的是选择特定类型的热点内容进行关注。不过，与其他新闻 App 相比，澎湃新闻的内容取向大不一样，它偏向于时政深度报道，如果你关心国家大事或对深度报道感兴趣，澎湃新闻的可读性是很强的。尽管澎湃新闻的内容很值得一看，但其更新速度远不如网易、新浪，所涵盖的内容广度也有所不及——世界杯比分直播这样的内容，澎湃新闻就没有。也就是说，澎湃新闻和目前流行的其他新闻媒体面向的读者不同，严肃的内容也需要严肃的读者。

澎湃新闻 App 与其他新闻类 App 的不同之处还体现在对一些新闻事件的跟踪报道上。许多时事热点在风口浪尖的时候，大家争先恐后地报道，但热闹过去之后，根本就看不到相关新闻的后续报道，这种一窝蜂的新闻报道模式并不利于读者了解事件的来龙去脉和背后的原因。澎湃新闻有一个特别的设计——新闻跟踪。如果你阅读某篇新闻后，对报道的事件感兴趣，可以通过澎湃新闻持续跟踪该事件的最后结果，这在其他新闻 App 中是没有的。此外，澎湃新闻还设计了"问答"板块，如果读者对某新闻有疑问，可以提问或查看他人问答——这听上去很像"知乎"。可是，能不能达到知乎的效果，还得看内容管理能不能到位。

澎湃新闻 App 的功能也有很大的提升空间。读者为什么会去关注你的 App，内容吸引人、有卖点，就是其核心价值所在。既然发布了 App，其他功能也要跟得上形势。澎湃新闻 App 具有一般新闻 App 常见的一些功能，如内容分享、消息推送、字号选择、流量控制、夜间模式等等，但还有提升的空间。比如内容分享，澎湃新闻只支持将内容分享到微信、新浪微博、腾讯微博、人人网等几个社区，新闻推送也遇到过点击后黑屏的情况，技术上还需改进。

澎湃新闻 App 与国内其他新闻 App 有着巨大的不同,严肃新闻会让它拥有一批追随者,但由于内容特点受限,要称霸市场希望不大,与其说澎湃新闻是网易、新浪新闻的对手,不如说它进一步细分了市场,走小众路线,用户更同质化,黏性更高。

一点资讯于 2013 年 11 月 28 日上线,实现 PC 端与移动端的跨平台数据共享,让广大读者在各种设备上都能读到有兴趣的信息资讯。

一点资讯的登录方法与许多其他手机 App 一样,你可以通过微博账号登录,它会依靠读者微博数据智能计算出你可能感兴趣的话题,并默认订阅。读者也可以点击"我的精选"查看已订阅话题并可根据推荐话题选择继续订阅。另外,还可以通过搜索寻找自己感兴趣的话题去订阅。而且,PC 端和移动端的使用数据会互相同步,保证用户在不同设备体验的一致性。在设计上,一点资讯采用杂志的布局,不论是资讯列表还是文章正文页都尽量占据大部分屏幕空间,在屏幕面积比较大的 PC 端可以给读者带来更好的阅读感受。据说,未来一点资讯还将针对手机浏览器进行优化,推出 Web App 版本。

一点资讯高级公关总监刘伟分享了一个数字:42.33 亿。"这是从 2016 年 1 月 1 日到 10 月 31 日在一点资讯平台上累计产生的由用户自己发起的个性化频道订阅行为,一点资讯是目前业内唯一一家可以实现个性化频道订阅的 App,这意味着一点资讯倡导的'推荐＋搜索＋订阅'的信息获取方式正在成为移动网民的主流方式之一。"

与国内目前比较活跃的其他资讯 App 相比,一点资讯 App 还是有相当强的竞争力的,源于兴趣引擎精准捕捉读者的兴趣点,通过"推荐＋搜索＋订阅"的模式实施内容匹配与智能推送,为读者带来全新的内容和价值阅读感受。那些由编辑主导的网站新闻,内容展现千篇一律;搜索时代由读者主导,所搜即所得,不搜不得,搜索结果是换汤不换药;而在个性化时代,利用读者的社交、浏览痕迹进行内容推荐,但推荐的都是热门猎奇、八卦、消遣资讯,而跟读者生活相关的事件、高质量的信息很难挖掘,导致读者的信息获取面越来越小,可以说只是实现了千人百面。但是,兴趣引擎则包括了搜索和推荐的优势,用户主动＋被动的资讯获取方式,能实现少搜多得,内容展现呈现出丰富多彩的样子,彻底解决了目前新闻资讯信息过载、信息过剩但长尾信息匮乏的问题。

这样的兴趣阅读不同于以往的阅读,带来的是很有价值的内容,其中包括人们的工作、生活、家庭、教育、健康、消费、投资,也包括个人的兴趣爱好等。兴趣引擎已经成为移动搜索、移动浏览器、社交工具之外的新一代移动互联网入口。目前,一点资讯的个性化频道已经有超过 220 万名用户,远超其他新闻类 App。这也预示着一点资讯用户基于兴趣的阅读习惯已经成形,而通过兴趣阅读吸引更多读者,令你期待的兴趣社交生态也在一步步形成。

一点资讯在为读者提供有价值的信息资讯时,还在为移动营销带来更多机会。基于一点资讯的兴趣数据,在实现读者画像的基础上,最终将为企业带来更高质量的精准营销、兴趣营销、原生营销及品牌营销。另外,企业通过订阅相关关键词频道,可以优先看到媒体报道及消费者的心理,实现企业舆情监测功能。兴趣引擎带来的盈利机会还有很多。一点资讯在保持"百公里加速"成长的同时,将逐步布局兴趣引擎的全方位应用。

相关数据显示,依托兴趣引擎,一点资讯正在获取越来越多的高质量读者,结合原生广告、兴趣广告推送、精准营销等优势,这一趋势将帮助其在未来更快速地拓展 O2O 市场。

阅读类 App： 网易云阅读、QQ 阅读、
掌阅 iReader，电子阅读成为趋势

近些年，移动互联网的迅猛发展和移动智能终端的广泛普及，尤其是手机以其方便携带、功能全面的优势，成为人们生活中必不可少的工具，不仅影响着人们衣食住行的方方面面，也成为人们获取信息、了解世界、进行阅读的重要通道。人们的阅读习惯发生了极大的改变，移动阅读正逐渐成为人们阅读的主流方式。其中，手机作为携带最为方便且普及率最广的移动终端，满足了大众随时随地进行阅读的需求，基于手机的各种阅读 App 层出不穷，涉足者络绎不绝，发展势头强劲，呈现出一派繁荣景象。

网易云阅读是国内最大的移动阅读类 App，自成立之日起就一直坚持精品化的电子书运营慢策略，始终为用户提供经典、优质的书籍。另外，跟踪热点，首先推出热播影视剧的同名原著，并承接大批名家新书的独家首发仪式，开创了电子版、纸质版新书同步首发的先例。如今，网易云阅读已经成为新书首发基地和热剧原著基地。

网易云阅读致力于构建全平台，以发展全内容为方针，在业界首先提出"开放平台"的概念，为用户和作者提供良好的互动环境，对推荐单位、作者、自媒体人免费开放，全部收益归内容方所有。其提供无所不包的内容，给用户带来轻松愉快的阅读享受。10 万多本精选电子图书，3000 多个精品内容源，超过 130 个网易特色栏目，覆盖网易门户所有频道，让用户畅享无限量全网内容。其精致而富有美感的界面，是专业编辑团队精选的财经、科技、汽车、体育、娱乐、时尚、视觉、人文、社交、生活、书籍等资讯内容，分类呈现，及时更新。

图 3 网易云阅读 App 界面

用户可自由添加内容，构建出一个个性化阅读空间；界面非常精美，阅读起来特别轻松。精致的版式界面，可调节字号、亮度和翻页效果，让你充分享受到阅读的美妙之处。特别值得一提的是，夜间模式还可以保护视力。

迷恋阅读的你，是否会遇到这样的烦心事：正当你阅读到关键之处，信号没了，流量也不多了，手机上的空间几乎全被占用？没关系，使用 Wi-Fi 预下载文章和图书，在无网络的情况下也可以继续阅读。智能清理缓存功能令阅读无负担、更顺畅。

中国 IT 研究中心对主要手机阅读 App 在移动分发平台上的下载量进行了统计。数据显示，前三名的差距正在逐步缩小，第一名为书旗小说、第二名为掌上阅读（iReader）、第三名为 QQ 阅读。

QQ 阅读 App 提供了舒适的图书阅读感受，也是支持全文档格式，上万本免费图书，同时有部分内容收费。QQ 阅读 App 的特色功能包括：流畅舒适的仿真翻页效果,快速导入本地图书;支持在线阅读、下载阅读、连载更新、切换字体、切换背景等;书架分类管理,在阅读界面可进行划词、复制、高亮、做笔记、分享、查字典等操作;支持 QQ 账号登录,用户可评论、收藏图书等;阅光宝盒内含 QQ 听书,支持 pdf、txt、doc 格式,支持字体下载、本地词典下载;在电脑 QQ 网盘中放入文档或图书从手机中网盘传书就能下载;可分享图书或者文字内容到微信,也可分享到微博、短信等;QQ 书城有海量图书,原创图书、出版图书等热门、高质量的图书样样俱全。

掌上阅读(iReader)支持多种格式的阅读,贴心的阅读功能设计,为爱阅读的用户带来轻松的阅读体验。它有多种翻页特效,可自定义阅读,有白天与夜间两种看书模式,还可备份阅读历史、进行编码等,功能特别全面。

不管是 iOS 平台还是 Android 平台,阅读类 App 的开发技术都越来越成熟了,已经能基本满足用户在移动设备上的阅读需求。对于 App 来说,拥有鲜明特色是基本前提,不断追求良好的用户使用体验,有针对性地做出特色内容,是发展的目标。

视频类 App: 爱奇艺视频、腾讯视频、优酷视频,移动观影成新宠

4G 时代的到来,为视频平台的发展奠定了良好的基础,专注于社交的视频应用正在崛起,这就是视频类 App。手机流量的升级更是预示着视频的转发、浏览将更为普遍。市场出现了一批视频类 App,来势汹汹,试图通过获得视频领域的用户后,再扩展为平台,进而在未来的网络社交领域形成稳固的统治地位。

但视频 App 是否能够取得长足的发展,还需要时间的检验,毕竟当前市场上的视频 App 大多还处于初步发展的阶段。

较有名气的视频类 App 有腾讯视频、优酷视频、移动观影等,而爱奇艺视频则是一匹草根黑马。

爱奇艺视频是一款会"变形"的视频播放软件,一个 App 有两种模式。列表、图文、黑白底色任由选择。在内容方面,你可以按自己的喜好去选择,它会根据你的喜好推荐最适合你的视频内容。爱奇艺视频 App 汇集了全网视频,爱奇艺、优酷、土豆、腾讯、搜狐、乐视等全部视频,一个 App 尽情观看,并且全部视频都是正版高清的,没有法律风险。同时,你在观看当中,无论流量大小,很少有卡顿现象,因为它是采用爱奇艺独家研制的 HCDN 网络传输技术,所以你在看片过程中非常流畅。

爱奇艺视频 App 全面支持 1080p,画面清晰,智能和手动可以随意切换。如果你是 VIP 会员,更可独享好莱坞大片。超过 6000 部电影大片免费观看,更可抢先观看热门电视剧。VIP 会员还享有免广告、下载加速等特权。

2017 年 5 月,爱奇艺的自制娱乐节目《姐姐好饿 2》正式上线,不仅延续了

小 S 的麻辣主持风格,更对节目进行全面升级。不但邀请了众型男帮厨助阵,更有超豪华的明星阵容,用"厨房 PK"与"S 式访谈"为观众烹制一顿有"聊"效的美食盛宴。《姐姐好饿 2》于 2017 年 5 月 18 日起,每周四晚 8 点更新,爱奇艺全网独播。

在美食节目大行其道的当下,"美食＋旅行""美食＋情感""美食＋文化""美食＋八卦""美食＋竞赛"等都成为美食节目的新形式,越来越多元化。在被模式和同类内容侵袭的综艺市场中,爱奇艺从用户习惯入手,深耕垂直细分领域,在大题材上进行小创新。

除了《姐姐好饿 2》,爱奇艺的动漫《剑王朝》也备受好评,另外《爱上超模》《了不起的孩子》《大学生来了》以及《奇葩说》《偶滴歌神啊》等一系列节目,都有十分清晰的用户和内容定位,并且不断追求节目创新,满足用户多元化的需求,为用户不断创造快乐的娱乐生活。

爱奇艺创始人、CEO 龚宇就曾表示:"如今视频变了,视频的播出方式变了。"爱奇艺一直认为:网剧最重要的就是对节目题材和内容的选择和把握。在其自制内容取得成功的同时,又将进一步迈向影视产业的上游圈。题材够大胆、够新颖、够多元是抓住用户的关键,也是视频平台网感最重要的体现。此外,爱奇艺携手第 71 届威尼斯电影节打造"在线影展",上线了来自于威尼斯电影节的 23 部影片,线上线下紧密结合。值得一提的是,一个 IP 的开发,是需要从立项之初做出全面、系列的构想和准备的。无论如何,视频平台对于网剧的把握十分重要,一档节目只要把内容、制作、传播、互动都做到位,其价值自然会被看到。

腾讯视频是定位于国内一流的在线视频媒体平台,有凤凰网、中录国际、ESPN、东方宽频、浙江卫视、山东卫视、云南卫视、中南卡通、飞扬视界、华夏视联、盛世骄阳等 31 家合作者。它的界面设计显得清新雅致,有高质量的节目内容、畅快的播映效果。其新 logo 代表了高质量、愉悦、品位、丰富。其手机版为智能手机用户带来了不一样的体验，分成电影、电视剧、综艺、新闻、体育、文娱、财经等 7 个板块，流行视频全部囊括其中。支持 DLNA，只需你用手指点击一下"DLNA"按钮，即可把想看的节目传输至同样支持 DLNA 功能的智能电视上，高清影音精彩连连。

腾讯视频是国内最大的高清视频平台。其运营内容包括：《芈月传》《班淑传奇》等热播电视剧独家播放；NBA 赛事独家直播；HBO 独家官方授权播放平台，独家引进《权力的游戏》《六尺之下》《CSI》等；继续独播第四季《中国好声音》《我们 15 个》《魅力野兽》《尖叫吧路人》《燃烧吧少年》等大型节目。

腾讯视频提供目前国内最新的电视剧、电影、动漫、直播等视频免费业务。它具备先进的 P2P 流媒体播放技术，让大量用户同时观看节目依然没有卡顿的感觉；同时还有很强的防火墙穿透能力，保证你在任何网络环境下都能够很流畅地观看视频，而且所有流媒体数据均存放在内存中，避免了硬盘损坏。

与其他视频网站不同，优酷视频不限于原创，无论业余或专业、个人或机构，欢迎一切以微视频形式出现的视频收藏、自创与分享。据优酷负责人介绍，优酷是国内首个为微视频免费提供无限量上传与存储空间并具备个人发起视频擂台及评分系统的视频平台；区别于某些平台的视频堆积，优酷注重利用多纬度的 TOP 排名、频道分类索引、标签、个人发起擂台、视频俱乐部等有效手段，兼顾技术搜索功能与人气推荐手段，最大化地发挥 C2C 内容聚合与推荐的力量，帮助用户迅速找到喜欢的视频和感兴趣的社区，让用户看得爽、找得快、传得广、比得酷。

登录优酷视频就可以分享许多影片，它率先在国内开拓了三网合一的应用模式，为用户浏览、搜索、制作和分享视频提供最高品质的服务。优酷为用户推荐各种精选热门视频，提供多种画质、多种语言，支持边下载边观看，还有云同步记录等贴心功能，给用户带来更高品质的享受。优酷代表服务品质，倡导一种精品视频文化，让用户价值充分展现；代表用户体验，让用户第一时间品味独特的视频自助餐,满足人人参与的需求与个性化生活方式的表达。

在未来几年,优酷视频还将积极探索各种合作方式。优酷积极提倡"世界都在看"的全新网络生活方式,将为用户打造的是一个微视频博览会、微视频精品库,集创作、交流、推荐、分享于一体。

第四章

渠道与定位，App 营销的精髓

软文推广，借助网络媒体提高用户口碑

近年来，移动互联网的蓬勃发展为企业提供了广阔的契机，特别是网络口碑营销在市场中发挥的作用日益凸显，成为企业竞争的必选利器。而软文推广已经成为 App 推广的主要方式，特别是对于电商来说，软文推广更是企业进行网络营销和网络推广的主要手段。

软文，顾名思义，即软性文章。App 软文推广是通过隐性（不暴露所要宣传的对象或不赤裸裸地宣传某一对象）的文章来达到宣传的目的（产品品牌或销量、企业形象、服务、危机公关、某一个人或某一种概念等），通常也被称为隐性广告。

目前，对软文的定义有两种：一种是狭义的软文，另一种是广义的软文。狭义的软文指企业花钱在报纸、杂志等宣传载体上刊登的纯文字性的广告，这是早期的一种定义，也就是所谓的付费文字广告。广义的软文指通过策划，在报纸、杂志等宣传载体上刊登可以提升企业品牌形象和知名度，或可以促进企业销售的宣传性、阐释性文章，包括特定的新闻报道、行业评论性文章、付费短文广告、经典案例分析等。

App 软文推广有两个特征：第一个特征是少花钱或不花钱。当前许多被称为软文的广告，以广告的价格购买媒体版面，以长文案作宣传，只能称之为广告，不能算软文。第二个特征为"隐性"。这一点在当前也少有 App 营销企业能够做到，只有少数大型 App 营销企业的部分广告文案做到了这一点。

例如，一篇题为《福州旅游住宿奇遇》的软文，就做得不错。

趁着国庆七天假,赶紧出去旅游,不知不觉就到了福州,走了一段左拐右转的小路,到达锦江之星火车站店。第二天到火车站买票时无意中发现一个很少人知道的快捷宾馆。由于火车很早,锦江之星到火车站还有一段距离,就跑到这个宾馆看个究竟。让人意外的是,一楼是小超市和招待所,环境跟锦江之星外面没什么两样。

比较贴心的是,大厅内有提示牌宾馆在八楼。到了宾馆一问,打完折后房费是 88 元,比我住的便宜多了。看了一下房间,也还整洁干净,重要的是它离火车站只有 50 米,这对于我这个爱睡懒觉的人来说,再适合不过了。

回到宾馆后,打开手机在百度上查了这家宾馆,有种被"坑"的感觉,网上预订价格只要 58 元!这个价格完全颠覆了我的想象,我不敢相信,于是打电话询问。服务员说是网络自助预订的特价,只是 58 元房间小一些,但设备一应俱全,我最关心的宽带网络接口也是免费的,如果要大的房间要 68 元。按照其网站的介绍,预订还有加装电脑等项目可供选择,但我自己有电脑不需要。按提示填写内容提交后,网站提示预订成功。

我抱着忐忑的心情,到了价格低到让你想不到的酒店,房间不大,设备也不错,该有的都有。下次准备住豪华间——78 元的试试看,但这次来不及了。第二天让服务员电话提醒,很早就坐火车开始了新的旅途。

如果你出差到福州的话,也可以在手机上搜搜这家特别便宜的宾馆,可以为你的出行旅游节省一大笔资金。在各个跟住宿有关的网站和博客发表此类文章后,网站的流量迅速提高,更主要的是,很多点击可以直接转化成订单。

随着 App 营销日渐成熟,带来的效果是意想不到的,此时正是将口碑转化为利润的时候,你会发现:打开 App 营销市场开始变得简单,整体销售也水涨船高。App 营销已经成了一种时尚,其无形的价值已经开始创造巨大的利润。

这时候已经是软文营销应用的顶峰。

App 软文推广通常有以下几个步骤：

第一步，写好软文内容。

网络推广的软文多种多样，通常新闻类型的软文能够有效地提升品牌知名度和关注度。发布的软文内容一定要形式多样，要有很好的可读性和原创性。

第二步，在软文中带有链接。

普通的广告是具有一定营销价值，但是软文还有一大好处，就是可以带上推广对象的外链。

第三步，选择软文发布地点。

不太注重发布网站的选择，以为当前的热点新闻能够协助提升软文的转载率，这种想法是错误的。在搜索引擎算法日益智能化的今天，软文和网站的相关性已经越来越重要了，所以软文内容一定要和网站的内容有相关性，而锚文本链接一定要含有网站的关键词，这样才能够提升 SEO 优化的效果。

第四步，发布之后进行转载。

现在有一些专门的软文广告网，可以帮助推广软文，像一些门户网站都有投稿功能，软文广告网有专门协助企业或者站长转载的业务，这自然能够极大地提升软文的价值，而且相对来说投资回报比更高。除了付费转载，还需要让软文能够吸引别人自发转载，这才是比较好的软文，所以在软文的质量方面也要下功夫。

重视外链，通过网络推广提升 App 知名度

目前，人们的生活与各种 App 有千丝万缕的关系。那么，一款 App 到底如何推广才有效果？

1. 准确的定位

首先，你要清楚自己的 App 的定位以及消费者是哪类人。如果 App 用户多为女生，那就要去女生最多的地方。女生都在哪里？先说线上，女性论坛、女性社区，这些地方女性比较多。可以把这样的论坛、社区都一一列出来，把你的产品告诉需要它的人，或者说让需要你产品的那些人看到你。所以网络推广的第一步是定位，定位用户的性别和年龄，做到有的放矢。定位越准确，推广效果越好。

2. 利用广告联盟为 App 引流

这种推广方法是利用相关的广告联盟平台，让一些专业的推广者竭力地去推广。这种方法可带来一定的下载量，但也有不少缺点：花费的推广费相当可观，比如得到一个用户要花费几十元成本；推广者不关心产品本身，他们关心的只是这款 App 每日有多少的用户下载量。

3. 内容营销

通过网络媒介来增加自己的曝光率，这种推广方式是比较重要的，要选择那些具有权威性、专门评价应用的移动互联网媒体。App 网络推广主要是吸引网友眼球，App 开发商要有计划地来包装企业。通过新浪科技、腾讯科技、Donews 等平台发布软文，提高用户口碑，增加宣传力度。

4. 网络广告

很多网友很讨厌那些喧嚣的广告，但那些有质量的广告还是能吸引人的，不仅能带来流量，品牌知名度也在无形中大大提升。那么，网络广告主要包括哪些呢？第一类是PC网络广告，包括硬广告、媒体广告、搜索广告等；第二类是移动广告，最早是出现在Google AdWords的移动版，但是之前因为移动网络还不发达，随后Google收购Admob，从而开启了移动手机网络广告，苹果的IAD（综合接入设备）也在迅猛发展。国内的移动广告平台发展也很快，可以通过一些较为成熟的平台进行推广，这样，能精准匹配用户群。

5. 免费应用

如果没有超强的号召力，没有多少人会去看一眼你的App。所以，免费是最有力的推广行为，此方式可以很快提升App开始阶段的下载量。甚至，还可以采取向下载用户付费或送出赠品的方式来促进App的下载。也可以制作一个精简版的App来吸引更多的用户，进而吸引网友来获得更多的内容。在App面市初期，需要多发一些促销代码出去，并适当地举办一些促销活动，同时尝试不同的售价。

6. 对应用进行搜索引擎优化

在名目繁多的App网络推广中，一款App的曝光度取决于关注度、所处的位置和搜索情况。在应用商店里进行搜索和在网页上进行搜索是一样的：更多、更好的数据等同于更高的排名。所以在对应用进行描述时一定要谨慎，首先看下竞争对手是如何进行描述的，尤其是那些已经获得较高排名的对手。在描述中加入一些潜在用户可能会用到的搜索关键词，并及时根据实际情况进行调整。

7. 视频营销

在网上时常会看到凡客、梦芭莎等App在视频网站上的广告。可以说，视频所传达的信息是文字和图片无法替代的,来一段 App 的酷炫展示视频,很容易让网友记住品牌,而且这种制作成本不会很高,同时加上二维码效果会更好。

8. 加入社交功能

社交网络的兴起让人们找到了新的交友方式,即使是在互不相识的情况下,人们也乐于分享。App 网络推广的最佳方式就是赋予网友们更多的发言权,让那些热情的网友去帮你营销。如果你的 App 是一款游戏,可以植入一个排行榜,让用户在好友间进行排名,并通过新浪微博、腾讯微博等平台进行分享;如果你的 App 是工具类的,那么就去寻找一种对应的社交推广方式,例如与同事分享心得、通过微博发布应用活动、公布应用成就以及突出自己的见解等等。当然,最棒的社交方式就是把社交功能植入到 App 之中。例如猜猜画画就具备传真机式的网络传播效果:有些东西看起来没什么用,但将它加入到网络中之后,其价值就会凸显。

视觉营销，利用视觉冲击吸引用户

对 App 推广而言，何不尝试视觉营销呢？除了内容之外，App 还可通过其协调的页面布局、出彩的色彩运用等来吸引网友。因为现在的网友不怎么看一些文字，特别是长篇的，他们更乐意看一些精美的图片。然而在 App 推广中，我们看到了很多粗制滥造的页面，很多 App 并不知道该怎么做视觉营销。那么，到底如何运用视觉去推广 App 呢？

App 界面视觉设计，必须让网友一眼就能看到特色和功能。App 是一个协调的整体，设计必须统一、协调，所以，色彩、图案、形态、布局等的选择必须与 App 的功能、定位相适应，务必做到一脉相承，精确地传达 App 的理念。

与去哪儿的 App 相比，携程的 App 并没有体现其差异性和吸引力，也没有什么与竞争对手相比独树一帜的风格和气质，只是一款中规中矩的 App。其 App 主界面分成两部分，一部分是动态营销广告，一部分是整个 App 的主要功能点，如飞机票业务、门票业务等。给用户的整体感觉确实是有些小清新的风格，但是作为一家员工超过万人的 O2O 企业，整个 App 未免缺乏一个对于自身企业形象的定位，令人眼花缭乱的主界面不但给用户混乱的视觉感受，还让人产生一种华而不实的感觉，小清新设计思路积累的良好用户观感顿时全无。

App 主界面让人感到眼花缭乱是很失败的设计，没有人会喜欢。用户更喜欢响应式的交互设计，而且这也更加适合移动互联网的风格。不能够强迫用户去观看自己并不喜欢的东西，在移动互联网领域更应当如此。视频行业也只是出于盈利压力和中国互联网用户多年养成的坚持互联网产品免费的习惯，才不得不采用内嵌广告这种杀鸡取卵、破坏用户体验的方式，而且是有一个潜在的行业公约来保证各个视频公司都遵守。但是在在线旅游市场，并没有人建立一个业内普遍遵守的保证行业共同利益的公约。

互联网思维更重视的是先行一步的决策，虽然手机用户群体目前平均年龄偏低，但是经过三五年的培育，那些年龄大的人也会成长为 App 的用户，在未来也许会成为新的增长点。

成功的 App 设计是面向所有移动用户的，缺乏远见是部分 UI 设计人员的通病，为满足产品的需求，设计人员往往不能发挥自己的灵性和创造力。因此，成功的 App 界面视觉设计是有特点的、吸引人的，特别是在看第一眼的时候，但这不是单纯为了吸引眼球、搏出位，整个设计过程是一场微妙的博弈与平衡。

设计师要能够把握用户心理，在做每一个设计时，都站在他们的角度，而不是自顾自地陶醉。

in App 于 2014 年夏初刚上线，就登上了移动图片社交应用的下载排行榜，排名曾经一度超过了 Instagram。这款主打图片标签功能的时尚 App 在上线月余就突破了百万活跃用户，成为图片社交 App 森林里的一棵参天大树。

in 上线后，阅读人次超过 5 亿，曝光量也近 2 亿。用户分享的图片超过 17.3 万张。根据监控数据，2016 年 6 月第 3 周日最高新增活跃用户破 6 万名，每天用户打开 App 的平均次数大于 4 次。

一个主打图片标签功能的社交 App 为什么能有这么快的发展速度，为什么能获得如此多的活跃用户，又何以拥有如此强大的传播能力？这匹黑马究竟出自何处，怎会有如此魔力？

作为社交软件，in 的所有功能都围绕女性用户展开，是一个女人味十足的移动社交应用。品牌站、红人街区、穿搭术等，in 所呈现的内容都根植于女人的喜好。in用户活跃度相当高,所发布的图片质量也普遍较高,每张图片下面都有相当大的点赞量。这与 in 的信息结构优化相关,注册用户有好友加入消息推送,并且可以查看好友所喜爱的图片,强化了与其他用户之间的社交关系。

相较于其他社交网站,in 的独特之处有以下几点:

in 选用了特有的 4:3 的图片长宽比,让女生们的自拍照更修长、更动人;

in 搭载了 18 个影像处理滤镜,照片风格随便挑;

in 还推出各类表情贴纸功能,撒娇卖萌的表情极易俘获女性用户的心;

in 社区中充斥着各类时尚穿搭、闺蜜、萌宠、暖男图片,女性用户们看到心动的图片时不自觉地就会把内容分享到微信朋友圈、微博等其他社交空间。

的确,成功的视觉设计师是精通多种风格的。手机用户各个年龄段都有,需求也是个性化的,流行是会随着时间变化的,App 的视觉设计没有理由不做出必要的改变。

可以说,成功的 App 视觉设计,包含了设计师独特的理念。这种理念不会是狭隘的扁平化或拟物化,这些只是表象的手段。App 的设计理念应当基于它是如何有益于用户的,又或者给用户带来什么样的好处、获得了什么样的启发。而更深层的意思是,App 的设计不应当只站在现有的基础上,而是要放眼未来三到五年的市场需要。

微信营销，借微信之力增强用户黏性

在这个移动互联网的时代，如果把 App 看成一叶扁舟的话，那么移动用户就是怒涛翻滚的海水，用户越多，App 才能航行得越远。所以不管是什么产品、论坛、网站，完善 App 用户系统，想方设法增加用户黏性，调动用户积极性和兴趣，是 App 推广的基础和前提，所有互联网从业者、创业者都不应该忽略这个问题。

当一款 App 制作完成后，制作者会将其发布到应用平台上供移动用户下载，最终实现营销推广。

不过，如何提升用户黏性成为 App 发展的重点因素。如果一款 App 被用户下载后从未被打开那么，即便 App 进行了更新，用户也无法感知。这一类型的用户被称为"僵尸用户"，让 App 开发者颇为头痛。如果想要增强用户黏性，一定要掌握方法，否则很容易引起用户的反感。

有网友曾统计过，那些天天会使用的、安装了就很少卸载的 App 有：

（1）购物类：淘宝、京东、聚美优品、美团、大众点评等。每天使用频率较高，属于生活必备。

（2）通信聊天类：QQ、微信等。因为朋友都在使用，主要用于日常交流。

（3）影音播放类：QQ 音乐、爱奇艺、优酷等。影音资源丰富，可以下载文件离线使用。

（4）SNS：微博等。虽然微博影响力不如从前，但仍有许多人坚持每天刷新。

（5）理财类：各银行 App、支付宝、理财产品 App 等。用于网上支付和信用卡还款。

（6）图像美化类：美拍、美图秀秀等。

（7）游戏或游戏辅助类：MT2、WOW 英雄榜等。

（8）工具类：百度地图、手机百度，金山词霸等。

（9）生活类：下厨房等。

据腾讯公布的 2016 年业绩报告，微信和 WeChat 合并且活跃用户达 8.89 亿人，已经成为移动互联网入口，是一个轻量级 App 平台。

2016 年 7 月，一个名为"穿越故宫来看你"的魔性 H5 在朋友圈刷屏了。故宫博物院以明成祖朱棣为主角做了一个魔性 H5：在这个 H5 里，深沉老道的明朝皇帝朱棣化身为一个 Rap 歌手，戴上墨镜、玩自拍、跳骑马舞等。这些刷屏的 H5 营销最关键的难点并非技术，而是对营销创意的把握，这次故宫做得很好。

2016 年 10 月 20 日前后，YSL 星辰口红刷爆微信朋友圈，最为盛传的话题是"让男朋友给自己买 YSL"。从营销来看，这次宣传的主要平台是社交媒体，先通过一些账号以"爱情"二字为基础进行话题炒作，话题热度攀升后，微信等营销号纷纷进行推送，有品牌介绍、口红评测等。另外，"限量"二字似乎是个亮点，越是限量的越是想得到。据传，其间香港专柜的此款口红已经被卖光。

企业通过制作独特的 App 获得移动用户的下载，以达到提高品牌知名度的目的。然而，用户使用 App 的频率才是衡量其对 App 忠诚度的标准。那么 App 如何抓住用户的心呢？

（1）提供的信息越多，用户黏度越高

信息是连接 App 与用户的纽带。所以，App 的信息推送可以增加其曝光度，这时不同的用户会获得不同的体验，表现为收集信息和逃离信息。前者表现出的是对信息的渴求，后者则是产生对无关信息的厌恶心理。提供给用户的有用信息越多，用户黏度越高。这需要企业思考如何抓住用户需求，推送用户更感兴趣的内容。

（2）App 质量的高度重视

对于 App 制作者来说，只有关注用户体验才能赢得用户。就像制作者倾其心血完善每个按钮、互动形式、功能以取悦用户，开发者要高度重视所开发产品的质量，要根据大量的相关领域的调查分析以及用户的信息反馈进行改进，直到最大化地满足用户需求。

利用微信平台推广 App 是个不错的方法。首先要对自己的 App 有深入的把握，其次就是对微信有充分了解，熟练地运用微信的各种功能推广App。许多人都是微信的忠实用户，一路陪伴着微信不断升级与完善，因此对微信功能的了解和使用驾轻就熟。而微信最初的功能模块有漂流瓶、摇一摇、附近的人以及签名栏，而利用微信进行市场营销与推广，值得欢呼雀跃的就是后来推出的"朋友圈"与"微信公众平台"。

那么，如何通过微信平台进行 App 推广？

（1）位置签名

这是在签名档上放 App 的信息，移动用户查找附近的人时，或摇一摇时会看见。这种方法类似高速公路的收费站，强制收费。优点是很有效地拉拢附近用户，方式得当的话转化率比较高；缺点是覆盖人群不够大。

（2）朋友圈

这是指制作 App 信息并且快速分享到朋友圈中，支持用网页链接方式打开。这种方式是模仿国外产品的路径，属于私密社交。其优点是口碑营销会更加有效；缺点是私密性强，开展营销活动比较困难。

（3）微信公众平台

通过申请与 App 相关的微信公众号，不仅可以详细地介绍 App 的各种功能及更新情况，还可以更加频繁地将 App 曝光在用户面前，而通过设计一系列互动活动，也可以增强 App 与用户之间的联系，非常值得深度挖掘其功能，来进行 App 的营销。

线下活动，与用户亲密互动推广 App

在互联网＋时代，层出不穷的 App 的背后是惨烈的竞争，许多 App 还没有进入人们的视野便夭折了。如何在有众多 App 的黑暗森林里生存下来并逐渐获得大量用户？

App 不同于衣服、电脑等实物产品，它是依托于手机的虚拟产品。在 App 推广中，大多是做线上推广活动，如投放网媒广告，在官方论坛、微博等平台开展活动，效果立竿见影；相反，愿意尝试线下活动的制作者并不多，因为线下活动不能精准地计算每个用户的推广成本，人力、物力、财力的消耗非常大。

讯飞输入法频频举办各种校园推广活动，为此类手机 App 举办线下推广活动，开启了业界先河。组织者介绍："校园是个潜在的市场，通过活动不仅能推广品牌影响力，还能实地调研学生群体对移动互联网产品的认知，为后续的产品研发提供新思路。"

虽然线下活动存在一定的风险，但这种营销方式更有利于 App 推广人员与用户之间进行情感沟通和交流，令他们对 App 有更直观的了解。更重要的是，举办一个成功的线下活动可以形成蝴蝶效应，在短时期内聚集用户群。尤其是在特定场所针对特定人群的精准推广，往往有很好的效果。

"您好，这是我们'掌上电力'手机 App 二维码，用您的手机扫描这个二维码并下载 App，点击注册并绑定您的户号，以后就能通过手机进行用电查询、网点导航、支付电费、查看停电公告等相关操作……"国网资溪县供电公司鹤城营业大厅收费人员向用户耐心介绍他们的 App。

　　资溪县供电公司相信互联网的作用是巨大的，自从 2015 年 12 月 16 日开始，他们对新开发的"掌上电力"App 进行推广。第一是调动所有职工，人人都使用"掌上电力"App；第二是组织职工走向乡村地头，向广大村民进行宣传，让他们了解"掌上电力"App 的好处，为什么要使用"掌上电力"App，并帮助那些年龄比较大的、不懂如何下载、安装 App 的村民安装好"掌上电力"App。

　　半个多月以来，资溪县供电公司下属的各供电营业厅已经成功为 1200 多户村民安装"掌上电力"App。村民通过"掌上电力"App，不仅可以及时了解供电公司的电力新闻、公告，还可以在上面支付电费，这大大提高了资溪县供电公司的工作效率。

　　目前，大多数企业都已经意识到，App 正悄无声息地渗透到人们的衣、食、住、行的方方面面，于是纷纷把重心投向 App 这个高地，争先恐后地推出自己的 App，希望以此来弥补传统营销的不足。但是问题的关键并不是推出一款 App 就万事大吉了，更重要的是如何让用户了解你的产品，进而产生兴趣和需求，他们才会决定下载这款 App。

　　有些 App 开发者，会借助企业活动来巧妙地推广 App。这种方式不但让企业的活动得到了有效宣传，积累了大量用户，还在无形中将 App 推广了出去。以下是一些具体的方法：

　　（1）在新品营销初期，吸引移动用户下载 App。当企业有新产品面市时，也是带动企业营销业务获利的最佳时机。因此，及时推出企业 App 并且告知"下载 App 抢购有优惠"等信息，更能够带动用户的热情。这种方式还能让用户接触到企业 App 的各种功能和便利之处，从而对 App 产生好感和依赖，促成长久使用。所以，既能促销新产品又能推广 App，对企业来说是一举两得的。

　　（2）抓住节假日时机，推广 App。节假日是人们休闲娱乐购物的高峰期，如果企业能够抓住时机，不仅能够让产品热销，还可以借机进行 App 的推广。

在节假日期间，企业可以根据节日主题推出特价活动或者下载 App 有奖活动，吸引移动用户到实体店或下载 App 进行体验，提高 App 的下载量及使用率。

企业在推广 App 时，最关键的是要把握住用户的真实需求，这样才能在推广 App 时水到渠成。通过活动来推广 App，最重要的有两点：便利、优惠。只有让用户感受到这两点，他们才会下载并使用 App。

（3）赠送一些小礼品，不需要太高档，但要精美实用，上面一定要印上 App 下载的二维码。

（4）组织用户参加一些有意义的活动，花费不多但效果很好。

（5）举办转发朋友圈有奖活动，比如转发到朋友圈送红包、礼品、试用产品等。

（6）在人流量大的商场进行品牌宣传。可以组织美女模特在大型商场走秀，在活动现场放置可扫描的带有 App 下载二维码的海报，甚至可以在模特的手臂与衣服上印上二维码。

（7）在全市所有的商场卫生间内贴上二维码图标，正对马桶方向便可。

（8）小区宣传，采用合适的手段，将二维码贴到小区中合适的区域。

（9）校园推广。学生举行大型活动时，通常会邀请几家赞助商，这时候可以主动出击，赞助相关的活动，并适时推广 App。

当然，App 线下推广的方法多种多样，最主要的是明确 App 的推广点与所针对的客户，然后确定最合适的 App 线下推广方法。

作为一家在电商行业新崛起的商城，某网上商城在不断丰富线上活动的同时，也积极开展线下推广活动。

自 2016 年 10 月以来，某推广人员走出商城，在各大型社区、街道、景点、高校等人流量大的地方开展推广活动，在贴心为客户提供优质服务，提升顾客体验的同时，还着力解决那些中老年人不懂手机操作、不会付款等问题。

2016 年 10 月 17 日，某推广人员在成都著名景点锦里，开展了第一次景区推广宣传活动,这也是其第一次在现场下单、现场送水果的活动。景区附近的居民和景区内的游客,只要在现场下载某 App 并注册,就可以在手机上下单"专享 1 元购水果",支付完毕后,就可以领取 1 箱蜜橘。专业人员会辅导那些不会下载、支付的客户下单付款。1 元钱就能抢购价值几十元的新鲜蜜橘并且当场就能领取,这吸引了近千名热心居民和游客参与。有游客称赞:"成都真的是一个来了就不想走的城市,看了美景还享受了实惠,这里的人太热情了。"

该网上商城的地面宣传活动大受人们的欢迎。自此之后,该商城计划增加地面宣传活动的次数,增加为客户提供优质服务的内容,丰富服务的形式,提供更多实惠有价值的商品,覆盖更广的区域,让成都市民以及游客熟悉其 App,享受手机下单购物的乐趣。

App 线下宣传推广的好处是能够与潜在用户进行面对面沟通。因此首先要搞清楚潜在用户特点,是六七十岁的老年人还是十几岁的青少年,是针对男性还是女性。一旦确定了用户类别,接下来就要分析潜在用户经常在哪些场所出入,会在商场还是公园出现,最后确定场地、安排人员、策划活动,确定活动时间。

App 线下宣传主要是通过送小礼品、送红包来吸引用户。调动起用户的积极性,让他们乐意扫二维码来参与其中。这样,推广 App 的任务就完成了。

自我推销，用好创意感动用户

不管打开谁的手机，都会看到各种 App。它们种类丰富、功能齐全，已经成为智能手机的标配，与大众的生活紧密相关。不管是搜索身边的餐饮、娱乐场所，还是发条微博、朋友圈，都离不开这些便捷的通道。

App 之所以广受欢迎，归根结底是因为屏幕对着的是"人"。人有着主动获取信息，进行互动分享，并期望得到朋友亲人认可的内在需求。这些需求就是 App 推广价值的体现和保证。围绕着 App 推广的整合创意，也应从用户的心理需求出发，依据产品的价值特征，进行特色化的营销。其中，能否打动用户、吸引他们的参与，是 App 价值实现的关键。

那么，如何结合创意来推广？不仅要构建 App 的视觉形象、识别系统，更需要发现目标用户的核心需求。

2011 年，三星为配合智能手机 Galaxy SⅡ的上市，不惜花费重金制作出号称国内首部"挖掘电影"《变幻的年代》进行互动推广，还携手百分通联定制开发了一款名为"时光胶囊"的 App。该 App 设有三大模块，整合三大功能，围绕用户行为特征，全天候覆盖用户的碎片化时间。

App 的推广宣传尤其重要，百分通联选择了几十个潜力巨大的城市，有三星体验店的近 100 个商圈推出了基于 LBS 和增强现实技术（Augmented Reality，AR）的互动小游戏。在特定商圈，如北京的三里屯启动程序，即可在真时空中捕捉虚拟手机道具，转换成勋章可参与抽奖，有效填补了各色人等的闲暇时间。

"时光隧道"模块则用故事分享抢占人们在上下班路上的闲暇时光。通过明星互动来打造一个有共同品牌爱好和情感体验的"联盟",为品牌宣传做开路先锋。而"时光密码"则是基于微视频本身设计出来的,通过手机捕捉热播剧中人物的脸,用二维码来挖掘电影,锁定人们的晚间休闲时间。不可否认,这些具有整合创意的模块设计以及契合产品"炫酷""快速"卖点的名称、界面等细节设计,对于那些追求时尚、新鲜,对于新型应用敏感,乐于体验分享的年轻人来说,具有无法抗拒的吸引力和号召力。

此外,从 App 特色寻找创意核心,再把创意与技术有机结合,达到水乳交融的程度。App 产品通过品牌规划、设计和传播手段来引导和培养用户的忠诚度,不断重复刺激他们对品牌产生丰富的联想,逐渐在用户心中留下鲜明的形象。App 品牌形象包括开发和运营公司形象、用户形象、产品形象、服务形象、社会形象等五种形象。

其中以 App 产品形象为关键,主要在于明确市场定位,清楚产品包装要点,制定视觉体系的基本要素和规范,从而给用户全新的视觉体验,并区别于同品类其他产品。简单来讲,先给这款产品造形,让用户认为它与众不同,再用创意来影响并契合用户心理感受,以求达到情感共鸣。

需要指出的是,应该想尽一切办法避免以下误区:质问用户——市面上的 App 是你想要的吗?用户看过后难以主动传播,而且质问方式不容易达成共识,更有可能引起他们的反感。拆解 App 的核心卖点,从画面、动作、特效、优化等展示 App 与众不同。这样做有"王婆卖瓜"的嫌疑,难以与用户达成共识。在推广 App 时,应站在用户的角度,换位思考一下用户到底有什么需求。

如果说成功的 App 是通过引发用户的共鸣来展开创意,达到销售目的,那么怎样根据已有产品来寻找创意核心呢?出人意料的创意必须让用户能直接感受到 App 的特色,前提是贴近用户,引起兴趣。

在移动互联网时代，消费者已没有兴趣去关注文字广告，更不会主动替别人宣传，只有他们关心的信息，他们才会愿意接受。因此，采取娱乐化的营销方式，比较容易引起消费者的兴趣。康师傅用实践证明了这一点。2012 年，为配合酷暑促销，康师傅"传世新饮"酸梅汤在西南四省市的校园开展了手机"签到玩游戏，创饮新流行"的活动。区别于以往以短彩信为主的单线传播，这次活动康师傅将年轻人喜爱的手机位置"签到"与 App 互动小游戏进行结合，并打通了微博、论坛、手机报刊联播网等媒介，立体化地向用户传播此次活动。

一方面，康师傅大力鼓励学生们在校园推广现场用手机签到，获取机会，赢得产品赠送和充值卡、iPad 等奖励；另一方面，康师傅还联合一家知名企业开发了一款"传世寻宝"游戏 App，让客户摘酸梅、打酸枣，寻找陈皮、乌梅、甘草，自己动手酿造酸梅汤、酸枣汁，在游戏中掌握中华老字号饮品的制作工艺。此次活动基于年轻用户的兴趣，将康师傅饮品倡导健康和时尚的产品理念自然而然地表达了出来。

App 在进行创意营销时，应从以下几方面入手：

（1）对产品的用户属性和行为进行分析；

（2）结合用户属性和商业需求解决，制订创意方案；

（3）根据创意方案，研究如何提升用户体验；

（4）通过数据对创意所带来的运营效果和品牌效果进行验证。

如果你对邮递员的工作存在一定的好奇心理，并想体验一下邮递员的辛苦，了解一下邮递员需要履行的责任，可以下载瑞典邮政部门推出的手机 App 游戏 Sweden's SafestHands，切身感受基于 LBS 的社交游戏在营销活动中的绝妙创意吧。

该 App 的推广宣传以竞赛的方式展开。安装了该 App 的用户在每天 6 点、12 点、18 点会收到服务器发来的虚拟包裹，只需携带这个虚拟包裹以最快的速度赶到指定地点，就能获得包裹中价值 300～500 瑞士克朗的物品。游戏看起来容易，但真正参与进去你会发现，得到奖励并不容易。因为手机中的虚拟包裹特别脆弱，如果你在奔跑中把包裹掉到地上，就得重新开始。此外还得时刻注意包裹被其他速度更快的人夺走。"惊险"的邮递员体验活动其实在不断提醒着你：邮政部门的工作是如此辛苦。

不用多说，这款 App 推广的成功之道在于丰富了用户的体验，还把瑞典邮政"最安全的手"的形象以极富创意的形式表达了出来，深化了品牌印象。

第五章

破除 App 营销六大困惑，不断提升营销效果

App 助力品牌营销

App 营销有精准性、互动性、位置化、长尾性和强用户黏性等特点,能够全方位地满足用户求新求变的需求。App 在给用户提供愉快体验的同时,为企业提供更具个性化、更高到达率的广告服务,为品牌营销带来新的利润增长点。

某汽车营销专家认为:App 凭借独特的精准性、位置化、长尾性、互动性以及高用户黏性,敲开了众多行业进军移动营销的大门。汽车行业在 App 营销的过程中收获巨大。

例如江苏汽车 App 包含行业资讯、汽车热点、新车上市、今日特惠、热销车型、汽车促销、行业地区、在线订购、汽车导购、车市动态、汽车测评等多个板块,将消费者所有的疑问都集中在 App 当中一一回答。消费者通过移动 App 能及时地了解车市动态。此外,App 也为众多车企提供了一个直达消费终端的营销平台,为实现更大的营销成果打开顺畅通道。

江苏汽车 App 营销解决了传统营销无法解决的许多难题:消费者在购买某款汽车前就能查询到该车的各种技术指标、价格并进行比较,以决定购买与否;消费者在有意向购买汽车时也可以通过 App 查找经销 4S 店;提供查询售后服务等全方位、细致的一条龙服务。由于设计的功能界面简单实用,符合消费者在移动设备上的使用习惯,满足了碎片化时代用户的心理需求,没有自吹自擂、不切实际的功能,也没有没完没了的广告,更没有把 App 当成一个简单卖车的软件。因此,该 App 成为行业内营销的有力工具。

App 营销以创意带来效果,渗透全方位的用户行为,促成消费者从产品关注、兴趣提升到最终购买的全过程,本是一个非常清晰的营销思路。但应该看到,单一的移动互联网技术、单一的营销推广方式的应用往往已不能充分地为产品形象加分,移动营销同样呼唤整合的力量。例如在百分通联的 L-Sense 广告平台上,主流用户人群就分为高端商务人士、时尚潮流人士、白领、公务员四大类。这部分人购买力强,思想活跃,但往往工作比较忙,App 是基打发碎片化时间的最好方式人。很多移动用户平时用电脑上网不多,却是典型的"微博控""应用控"。

2014 年 7 月,"逛逛商场"App 与北京华联集团 13 家门店联合展开了"集印花兑奖品"活动,吸引了近百万名消费者的参与。

星空电讯为了推广"逛逛商场"App,联合北京华联集团时尚百货等十几家商场同时举行"集印花兑奖品"活动,这个活动是线上和线下一起进行的。用户可以用手机下载"逛逛商场"App 得到印花,再到指定的商场兑换奖品;暂时不想下载 App,只想去商场逛逛的客户,可以在商场里获得印花,集到一定的数量后,就能在指定的商场兑换奖品。此次活动不仅吸引了众多消费者参与,也提高了各商场的销售业绩。

"逛逛商场"App 之所以能吸引大众的注意力,是因为通过它消费者不仅可以浏览新上市的商品、得到最新的优惠信息,还能够看到商场附近有多少个停车位、各位客户对某商品的评论。此外,这款 App 还带有游戏,消费者能在购物的间隙边玩游戏边查看自己想购买的商品。"逛逛商场"App 不仅得到了大众的认可,也引起了投资者的注意,他们认为这是一款很具潜力的 App。

当手机成为人们沟通交流和娱乐消遣的主要工具时,众多商家逐渐开始借助移动互联网重构销售模式。几乎各个商场和品牌都建立了微博或微信账号。有些购物中心、商场甚至品牌都开发了自己的 App,如侨福芳草地、H&M、雅莹、七匹狼等都开发了自己的 App,王府井与腾讯合作推出微信购物。移动网络已经成为很多商场、餐饮品牌店的标配,以抵御淘宝、天猫、京东等纯电商的蚕食。然而商场、品牌众多,消费者不可能全部下载使用。由此,大平台、集约型的"逛逛商场"App 应运而生,解决了这一问题。

此外,"逛逛商场"App 还用"手游"吸引广大用户,植入类似微信游戏的多家品牌游戏,可以让客户"边逛边玩",游戏积分可以直接到店换取优惠及赠品,促使客户关注品牌,达成商家对客户入店"临门一脚"的期望。

成功的 App 营销能拉近品牌和消费者之间的距离,使消费者深刻地感受到品牌文化,咀嚼品牌理念。App 的形式丰富、种类繁多,商家可以针对不同的消费者设计不同的 App。这样,App 更有针对性,结合手机表现的创意空间更大,这也为品牌营销创造了有利的条件,保证品牌在激烈的竞争中保持优势地位。而且,这样的特色体验往往也容易为品牌赢得口碑,并通过微博等及时地传播出去,从而增强消费者的参与热情,提升品牌影响力。

App 营销有营销价值、平台价值、用户价值三个价值维度,兼顾精准、互动、整合、衡量、贴身、关注六个方面,成功激活了传统营销令人困惑的价值基因。对专业 App 营销而言,考验的是如何将新技术、新创意与品牌营销需求巧妙结合,将真正的精准、互动营销效果带给企业。

拉近品牌与用户的距离

移动互联网是天然的社会化媒体。在媒体尚不发达的时期,想了解点什么消息,得靠口口相传。随着报刊、电视等媒体的兴起,信息传播的速度在一定程度上得到了提高,借助报刊、电视等进行的营销被称为"干营销"。但是随着移动互联网时代的到来,特别是智能手机的普及,人们又回到了那个基于情感、信任的"湿营销"时代。

如移动互联网打通了微博、短信、彩信等,用户看到自己喜欢的广告,只需要轻轻一点,便能通过微博、短彩信分享给朋友。很显然,这种基于社会化关系链的信息分享和传播,可以使广告效益实现裂变式增长。此外,App 营销在与消费者互动过程中也有突出的表现,带给大家不一样的品牌体验。

App 营销的关键是与消费者的互动,企业必须深入地挖掘消费者的需求,准确把握他们的心理,进而引发互动,这样才能最大限度地引导其参与其中,并成功地向其进行营销。因此,企业推出的 App 首先要符合产品的目标消费群的口味和爱好,做到精准地把握客户的内在需求,提供个性化的产品。

有些 App 之所以会失败,问题出在设计环节。设计者总是一厢情愿地认为客户心理是这样的而不是那样的,客户需要这样的商品而不是那样的商品。其实,App 设计者应该根据企业真实的市场调查去制作,不要太自以为是。

我们在生活中都对那些大肆吹嘘商品功效,客户应该怎样怎样的广告特别反感。在这个移动互联网越来越普及的时代,更不能让人觉得你是在王婆卖瓜自卖自夸,而是应"随风潜入夜,润物细无声"。例如,如果你开口问一个人:你姓什么,家里有几个人?人家肯定没兴趣与你聊下去——这是警察在查户口吗？你先聊聊自己的情况，对方也会自愿地开口说起自己的情况。如此一来，两个人之间的距离一下子就缩短了。App 营销也是这个道理。先与客户缩短了距离，让他们觉得你是可爱、可亲的，对他们并没有不良企图，那你的 App 营销就成功了一半。

App 营销的真正目的不是将产品硬塞给客户，而是让品牌走进客户的生活，印到他们的内心深处。品牌与消费者的距离，可以通过媒体拉近。消费者并不在意 App 制作背后的困难，他们只在意产品对他们有没有用，有多大的用处，他们从中能够得到什么。在气温高达 40 摄氏度的大热天，一件非常昂贵的裘皮大衣还不如一台电风扇或一支雪糕受欢迎。在 App 营销过程中，企业要针对客户的真实需求去营销，而不是把客户不需要的东西卖给他们。因此，App 营销的核心在于挖掘客户真正的需求。

在移动互联网时代到来之前，营销传播的渠道比较单一，企业了解营销传播的效果，是通过市场调研得出的。在自媒体时代，几乎每一个消费者都有一部智能手机，他们的微博、微信、豆瓣、SNS 等，随时都可以展现品牌的好与坏。营销传播内容是不是讨喜，是不是引发了消费者共鸣，是不是拉近了消费者心理距离，看一下微博及其他社交媒体就能明了，营销传播效果高下立判。

几乎所有的 App 营销，包括产品的知名度、品牌的认知度、企业的忠诚度的建立，都是围绕"如何与消费者心连心"而展开。包括 App 的设计，也是想与消费者实现零距离接触。品牌与消费者之间虽然有物理距离，但优秀的创意可以拉近其心理距离。当然，拉近与消费者的心理距离不是一蹴而就的事情，需要一定的智慧。其中不讨好、不炫耀、有个性、好玩是最基本的原则。

许多从传统营销模式转型过来的企业认为只要开发了 App 就一定能盈利。其实未必。因为就算 App 开发得特别完美，如果不去管理和及时更新，有再多的准消费者也是枉然。App 营销只能起到品牌与消费者之间桥梁的作用，是企业和用户对话的通道。一个 App 对应一个目标，一对一是这类 App

开发的关键。

App 营销必须以消费者为主导，与消费者产生良好的互动，才有可能成功。当然，成功营销的基础是有优秀的 App。如何来判断一个 App 是否优秀？

（1）页面设计富含人情味儿，即很多人所说的"有爱"；

（2）第一眼就能够找到想要的产品，快速有效地解决需求；

（3）使用性能好，即加载速度快。

在 App 营销过程中，消费者在与品牌的互动中不知不觉地了解了品牌产品的信息，在娱乐的同时对品牌产生认知，使其在选择此类产品时最先想到该品牌。深入挖掘用户需求，准确把握用户所想、所求，引发用户心理互动，才能最大限度地引导其参与其中，成功地向其进行营销。

开发者总期望自己的 App 能让人爱不释手，品牌产品能在一夜之间火遍大江南北。但这有一个重要的前提，那就是要让用户感觉 App 是充满灵性的。开发者可以在实用的基础上给 App 增添好玩的细节，使 App 兼具实用性和娱乐性。这样，用户在使用后主动进行分享，让更多的人看到、体验到。如此，品牌才能得到更广泛的推广。

如何才能实现高效的 App 广告投放

企业通过 App 实现广告精准投放早已是司空见惯的事，可让企业苦恼的是，App 广告投放如何才能更高效，让每一分钱都发挥效用呢？

1. 选择合适的平台

移动互联网营销的首选是 App 营销。如三大互联网巨头（百度、腾讯、阿里巴巴）纷纷进军移动互联网营销领域，因为它们积累了大量的客户、流量和数据，而这些数据有着巨大的商业价值。对于 App 广告的投放，移动广告平台在经历过数年的改进、完善后，在精细化运营、广告形式、平台稳定性、媒介资源、客户服务方面均有优势。这也是移动广告平台得到各大企业争相加盟的砝码。

作为国内家装行业的服务类平台，"土巴兔"的确给家装服务行业带来了不一样的风气。"土巴兔"由深圳市彬讯科技有限公司创办，是家装行业排名领先的品牌。在大多数家居装修类平台还在苦苦依靠街头广告、盲投弹窗带来客源的时候，"土巴兔"早已看到传统营销方式与急速变化的网络环境之间的矛盾——精准营销问题。家装平台的营销模式亟待发生改变，所以"土巴兔"的营销策略也在变化。"土巴兔"旗下的"土巴兔"App，是一款拥有装修日记、装修专题、在线发标、在线装修问答、装修计算器与黄历、免费验房等功能的装修类应用。而"装修管家"App 则拥有千万装修图库、海量装修攻略。两款应用均可申请免费设计，因此更值得推荐给刚买新房的用户。

"土巴兔"App 和"装修管家"App 于 2015 年 3 月在广点通上投放广告，经历了"短期撒网试水到长期稳定投放"的过程后,最终实现了智能投放、高效拉新的目标。

企业必须正确选择广告平台以实现高效的 App 广告投放。要想实现高效的 App 广告投放的目标,不妨选择专业的移动广告平台。

2. 根据产品特性来确定策略

如何进行 App 广告投放,要根据企业的特征及其产品的优势来决定。大多包括品牌曝光、下载激活、订单销量、促销活动几种形式。品牌曝光是增加企业品牌在人们面前出现的次数,是产生点击、反馈、购买的前提。

一个典型的案例就是巴黎欧莱雅 2016 年 5 月的戛纳电影节明星直播。这真是一场华丽的"土豪"型直播。

巴黎欧莱雅是这次戛纳电影节的主赞助商。在这次名为"零时差追戛纳"的直播中,巴黎欧莱雅请了至少四个代言人:巩俐、李宇春、李冰冰、井柏然。进行从接机到入住酒店等全方位的场景直播。

这场直播没有什么话术策划,就是编辑和明星的日常轻松对话;也没有专业的灯光布景、摄影师跟拍,仅通过手机完成。直播时,明星们不断重复提及欧莱雅的产品,主持人也顺势呼吁,粉丝在天猫搜索"我爱欧莱雅"即可购买明星同款产品,配合官网促销。

正因为有各路大牌明星参与,这种植入直播中的"强攻直销模式",看起来不那么生硬。据官方反馈,销售转化不错,欧莱雅天猫店销售额暴涨 30 倍。

大量的品牌曝光有利于加深消费者对品牌产品的认识,进而提升品牌影响力。下载激活主要针对专业和游戏消费者,推广的主要动机在于其产品的冲榜以及获取更多的消费者。一般而言,企业冲榜的预算要达到总预算的一半以上,每件新产品面市都要先做冲榜。一般,新品 App 下载量达到 10 万以上才能进到榜单前 100 名,如果不做冲榜,新产品很难被用户看到。因此,要利用各种推广方式使产品名列榜单前列。一般来说,榜单排名反映了自然、真实下载的用户量。订单销量主要针对电商类客户,客户转化率是电商界人士最关心的一个指标,真金白银的广告费究竟起了多大效果、带来了多少订单?为达到提高订单销量的效果,广告的展示方式及内容需要与用户的使用习惯深度契合。促销活动常应用于教育、汽车销售领域。为提升品牌影响力,此类商家经常以免费试听、试驾等促销活动的形式进行推广。

3. 根据企业品牌匹配广告形式

根据行业和性质的不同,每个 App 应选择合适的广告形式:

汽车类——基于 html 5 技术的富媒体广告和开屏广告(在 App 打开时播放的广告);

电商类——视频,应用推荐、活动促销;

游戏类——积分墙、插屏;

本地生活服务类——积分墙、插屏;

金融类——积分墙、插屏,以注册、活动方式;

快消类——全屏、视频,品牌曝光;

4. 大平台主导、次平台辅助

目前,最大的移动广告平台当属苹果 iOS 系统,而安卓系统的广告收入90%都来自应用商店,10%来自广告联盟、广告平台。与安卓系统相比,iOS系统更加规范、透明,支付方式也相对安全。iOS 系统的分辨率、屏幕尺寸具有唯一性,安卓系统则可以适配很多机型,因此在应用环境上安卓系统比 iOS系统更复杂。

5."以一持万",找准定向

定向投放广告是 App 营销过程中最常用的方式,企业要根据不同的潜在客户投放不同的广告,当潜在客户符合产品特征时,才显示该广告。定向投放包括：是选择早晨还是晚上投放，产品是适合南方人还是北方人，是适合 20 岁的人群还是 30 岁的，他们的爱好和特点是什么等。这在 App 广告投放方面都是有一定规律的。比如，美丽说和蘑菇街都是针对 20 岁左右的年轻人设计的，其上线的时间就选择在深夜。这是因为许多年轻人都有熬夜的习惯，每当夜晚来临之时，便是他们活跃之时。聪明的商家选择在这个时间段投放广告，从而收获到了预期的效果。

6. 只投合适的，不盲投不盲从

一直以来，广告界人士都有这样的感慨：我们知道自己的广告费用有一半是浪费掉了，但是我们不知道到底是哪一半。我们很难保证花在广告投放上的每一分钱都有效果，但选择对的 App 广告投放平台依然可以提高广告的效率。这就告诉所有投放 App 广告的企业，投放 App 广告一定要坚持一个原则：只投合适的，千万不能盲投，更不能盲从。那么，问题来了：如何才能知道自己选择的投放平台是合适的呢？如果从目前国内最火的几个投放平台说起，比如京东商场、网易网络营销中心、腾讯社会化营销平台等等，都是不错的 App 广告投放平台。问题的关键是：企业要根据自己的产品特色，针对某家推广平台进行认真细致谨慎的比较之后，再做出决定，以保证 App 广告投放出去之后达到理想的效果。

如何在移动应用平台脱颖而出

移动互联网发展至今,App 已经成为最大的载体。如果不对其进行推广、宣传,App 也会如泥牛入海,无声无息地消失。所以,当闯过 App 的开发、设计以及审批等一系列难关,走到 App 的汪洋大海之中,如何脱颖而出成为推广的首要难题。

如果企业还不知道现有的消费者有哪些,不妨把这次调查当成研究的机会,让你知道自己的目标用户是谁。

2013 年 8 月,更美 App 成功上线,这是一个整形美容的服务平台,是医院和爱美者之间进行交流的桥梁。在更美 App 中,爱美人士可以分享自己的就医经历,也可以找到有着同样需求的陌生人。一时间,巨大的市场需求被迅速地合理引导并呈现出来。

之前,有很多关注医患沟通的移动 App。下载更美 App 就可以免费向认证专家、医生提问各种整形、微整形、护肤、美白、瘦身等问题;医生则会根据用户的提问,结合上传的个人图片对用户进行分析并给出专业性的解答和建议;用户还可通过查看医院所在地区、项目、医生姓名、案例等快速做出决定。但制作者很快发现,它只是一款咨询工具,用户在获得解答后就销声匿迹了,这对于一款 App 来说,是最不想见到的结果。

那么,更美 App 该如何在众多的医疗类 App 中找准自己的位置,从而在激烈的竞争中脱颖而出呢?对此,更美的创始人刘迪有着深刻的体会:他经常会遇到一些爱美的女孩,特别是那些面临找工作、找伴侣和在演艺界想有大发展的人士,她们不仅仅想要自己变得更加美丽动人,更迫切地希望有一个可以交流情感,但同时又能保护自己的隐私的平台。

难道这不正是更美 App 所要达到的效果吗？更美 App 的定位就这样确定了。通过一系列的改变之后,更美 App 从同类 App 中脱颖而出,各种交流、各种意见或建议也都能在这里见到。而可喜的是,有些男性和中老年用户也逐渐参与进来,更美 App 迎来又一个焕发生机的春天。

广大手机用户都有这样的习惯：在寻找 App 时,几乎不会使用它的全称来进行搜索,通常使用类似拼图游戏、文档阅读器、心率等关键字来查询。因此,App 开发者必须做好关键词的研究,就像网站或广告的搜索一样,在 App 里用相应关键字来描述应用的标题和内容。

如果企业有专业的 App 开发人员,他们要把这部分做成一个精品。线上公关会为企业搜集所在行业及技术领域的权威网站,为推广助力。而线下的推广则取决于目标用户的特点。如果了解用户喜爱阅读的杂志,可以考虑使用二维码的方式将你的应用广告投入其中。

企业可以为自己的 App 申请优惠码。要珍惜这些优惠码,不要一次性地进行请求,除非知道如何使用它们。优惠码会在几周后过期并且只能使用一次,而且通过优惠码下载应用的用户,不能对其进行打分和评论。国外一些公司会在推特(Twitter)上发布一些优惠码,让他们的追随者(follower)去吸引那些还未使用过的人,而其他的公司则会将优惠码提供给博客主或新闻工作者来获得相关评论。

如果企业有广告方面的预算,在 App 上线之前的一段时间,就应该着手设计和投放广告。在一些经常出现 App 消息的网站做广告,并在网友经常闲逛的地方赞助发表文章,以及充分利用社交网站的高推广性的优势。即使企业没有制作 App 视频的预算,仍然可以创建自己的视频区展示如何使用 App。如果效果不错,可以将其上传到一些大型的视频网站上,以最少的费用来快速、有效地传播 App。

当 App 不在同一个国家使用时，要确保可以高质量地翻译标题及描述。每个国家都有不同的 App 平台，高质量描述的应用完全可以在那些被翻译的应用中脱颖而出，要抓住每个可以制胜的机会。

皇帝的女儿也愁嫁。即使你手握一款最有技术含量的 App，那也得去推广去宣传，酒香也怕巷子深。问题的关键是，得让用户自己主动去体验，而最有效的方法就是分享。他们说一个好顶你说一百个，这就是分享营销的技巧。

另外，还有一个推广 App 的方法，就是找一个极富人缘的 App 合作。如同找一个要好的同事去和你一起完成一项工作，而这个同事有着很好的人缘，大家都认可他，你和这样的人合作更容易成功。当然，选择 App 时，记得要找那些已经拥有大量用户基础的，搭载上它这班顺风车，就比较容易顺利到达目的地，获得成功。

在 App 上线前一段时间，可以在一些社交类的网站收集那些大咖级的用户的邮件信息并给他们发送包含优惠码等信息的推广邮件。一旦 App 上线，就将 App 主页更改为最简洁的设计风格，使用明确的"在 App Store 上下载"按钮引导用户去操作，可参考 Instagram 或 Pheed 这两个示例。

在制作 App 时要尽心尽力，不要抱应付的态度。一个优秀的 App 应该拥有独特的功能、让人眼前一亮的设计，最好的宣传就是好口碑的发酵。要记住，经历过寒冷、大雪考验的梅花才能开得更加芬芳，要以脚踏实地的态度对待用户。

App 以何种方式推广更吸引用户眼球

当年，IDG 投资了三家搜索公司，其中一家是百度，还有一家是 Z 搜索。Z 搜索的创始人有很强的技术背景，当时不比百度逊色，但他对推广一事持反对态度，认为只要技术过硬再加上做搜索，用户自然会来买单。结果最后百度成功了，Z 搜索没有成功，现在靠卖点电商流量来维持生活，这就是重视推广和不重视推广的两种结果。

优秀的推广是产品成功的关键。当然，前提是产品要好。对一个 App 而言，如果没有去考察市场、调查用户的心理，完全凭着自己臆想设计出来并想把它推广好，是很困难的事情，除非企业特别财大气粗，或者有强大的资金支持和渠道关系，否则成功的希望很渺茫。

因此，App 推广成功的条件是必须有一款优质的产品，这不是开发者个人或者团队领导臆想出来的，是经过对市场进行细致调研后，立足于某类用户的某些刚需而做出来的，还要配上好的产品界面和使用体验，才是一款成功的产品。移动互联网行业里有很多渠道推广经理，要推广一款好的 App，推广经理要对 App 有着良好的感觉和认知，推广起来才能很快成功。

比方说，给用户一个快速进入 App 的通道，或者拥有足够吸引客户的卖点，但可以在使用过程中设置一些小小的挑战。就像给老虎扔一只死兔子，它一定没兴趣玩，但如果是一只活的，并且随时有逃跑的可能，老虎就会玩得津津有味。

尽量增加 App 的独特性。这是获得用户忠诚度的前提。开发出一款很有特点的 App，在行业领域内十分特别，那么不管此 App 还有什么样的细节问题，至少用户黏性一定是非常良好的。

注意与用户的互动和反馈。就像生活中我们喜欢光顾那些店员愿意主动打招呼、态度诚恳热情的商店一样，如果 App 的制作者能通过邮件、微博等形式与用户进行一些互动、给用户一些反馈的话，那么用户的黏性肯定会更高。

优秀的推广人才加上优质的产品，才能把人才的智慧和产品的优势结合起来。真正的推广有两种方式，一种通过流量，一种通过品牌。正规的公司都非常重视推广，产品再尖端，都是可以复制的，唯独推广做得好了，别人是无法复制的。现在的移动互联网团队很容易就可以做出一个新的搜索引擎，但是市场上却再难出现第二个百度。因为百度已经拥有坚实的用户群体了，时机已然流逝，任何人都无法复制一个推广成型的产品。所以推广的最高境界就是品牌和流量的胜利。

当前 App 的推广是量，这是一条走向成功的便捷之路，可以依靠一些量大的平台去获得更多潜在的用户。比如通过一家著名的平台推广一款 App，能轻松地带来 100 万个用户，成功的秘方就是每天和各种平台负责人打交道，要推荐位、商务合作，不间断推广。

另外，定期进行版本升级也可以获得大量的用户，但是到了一定程度时，量的增长就不可能持续猛进，有人建议进行换量互推，首发进行拉量，但这种方法并不是万能的。因为量的推广总会有极限，那些好的渠道不可能永远把好的位置都给你。在 App 推广中，将每一种方法都用到极致了，再换其他方法，毕竟推广的手段就那么多，如同玩扑克，好的牌就那么几张，每一张都要尽量发挥它的价值。

另外一种推广方法是借助品牌的影响力。其实，在推广 App 的时候，品牌推广也是同步进行的，在各种网络论坛、博客上都能看到推广 App 的文章，这样做的目的就是推广品牌。很多人不明白天天发媒体软文、做活动的意义到底在哪里，成本大、劳民伤财，还看不到什么效果，所以品牌推广这个职位在很多公司几乎不存在。虽然品牌是无形的,但却可以为流量带来非常可观的效果。

曝光率会增加下载量,这是不言而喻的,在一个应用商店发布可能会有 20 人下载,在两个应用商店发布可能就有 40 人下载,在三个应用商店发布可能就有 60 人下载。一个用户在应用商店看到你的 App,估计不怎么喜欢,有可能到另一家应用商店下载,再看一次后发现功能还可以,就有可能会尝试下载,成为你的用户了。这就是曝光的作用。特别是前期的集中式曝光,让用户在一段时间里常常看到 App 的身影。那么,如何集中式曝光呢?现在可以曝光的渠道包括应用商店、下载站、玩家论坛和 QQ 群,当然也可以不惜重金打广告。

对于一个将要走向市场的品牌,推广者必须对市场和产品有很深的理解,比如做一个 WAP 站,后来 WAP 导航大火,很多新的导航站出来了,每个导航站都把这个 WAP 站放在了推荐位,其实很多导航站你并不认识,但是他们却把网站放在了推荐位,很明显一个原因就是这些做站的人知道你,而不知道其他的。就像现在的 PC 导航站,永远都会把腾讯、百度、新浪等大网站放在首页一样。所以,App 也是如此,你的 App 关注度提升了,流量自然也会涨上去。

品牌推广要做到有策略有步骤地进行,品牌推广和渠道推广都是特别关键的。有时候量上不去,不要把责任都推给渠道经理,渠道不可能把好位置都给你,还是要主动提高你的品牌关注度。量的推广和品牌的推广,就像人的两条腿一样,必须一样长,双管齐下、相辅相成,那么支撑起来的产品才会成功。

App 营销的效果监测

许多企业对 App 营销的效果一直有疑问，那么，移动广告效果能不能监测？其实，这虽然是一个技术层面的问题，但却直接关系着企业是否乐意开展移动营销，所以各行业都比较看重。移动营销与传统网络营销有一点是共通的，那就是效果分析，基于营销的转化和成本分析及基于体验的用户行为分析。其中的差别是，传统网络的监测工具已经非常成熟，但移动营销的监测还没有保证，超过 70％的企业依然认为移动营销最大的挑战来自效果监测，企业不得不接受乙方"既当运动员又当裁判员"的事实。

因为应用商店不提供渠道来源数据，所以 App 推广效果监测一直是个老大难问题。为了追踪 App 渠道来源，人们想出了各种方法。

1. 安卓渠道追踪方法

众所周知 Google Play 无法在中国使用，所以国内安卓市场被数十家应用商店（豌豆荚、百度助手、酷市场、360 手机助手等等）占领，安卓渠道追踪主要围绕上述渠道展开。

方法一：每个渠道打包

具体来说就是开发者为每一个渠道生成一个渠道安装包，不同渠道包用不同的渠道标识（Channel ID）来标识；当用户下载了 App 之后，运营人员就可以通过渠道标识查看各个渠道的数据。

虽然这样可以统计到不同渠道的来源数据，但是当渠道数量变多、抑或同一渠道在多个平台上做推广的话，渠道打包的做法就捉襟见肘了。

方法二：使用平台方提供的数据

部分第三方推广平台提供渠道数据，然而只依赖平台方的"一面之词"很难找到真正的优质渠道。

2. 苹果 iOS 渠道追踪方法

和安卓的开放生态不一样，iOS 是一个完全封闭的系统，绝大部分 App 都是从苹果的 App Store 中下载。在苹果一家独大以及严格的审核制度下，安卓打包的做法在这里就完全行不通。

为了追踪 iOS 渠道数据，开发者们想出了很多"黑科技"，下面笔者介绍一下常见的两种做法。

方法一：通过 IDFA 追踪渠道

IDFA 的全称是 Identifier for Advertisers，即广告标识符，这是苹果专门给各广告提供商用来追踪用户而设的标识。

今日头条作为广告提供商，可以获取用户的 IDFA，当你在上面投放的 App 被用户下载激活，你的 App 也可以获取用户的 IDFA。将广告提供商提供的 IDFA 和自己获取的 IDFA 匹配，即可追踪渠道来源。

缺点是 IDFA 只能用于 App 类型的渠道，在网页上投放的广告是不支持的；同时，用户可以在 iPhone 设置中选择关掉 IDFA 获取权限。

方法二：通过 Cookie 追踪渠道

当用户点击广告链接时，监控服务器可以接收到 Cookie 中含有的渠道信息；用户在 App Store 中下载激活 App，这个时候监控服务器再次收到 Cookie 信息。系统匹配前后两次 Cookie，即可追踪渠道。

缺点是基于 SFSafariViewController 的追踪必须在 iOS 9 及以上版本才有效，而且对微信公众号广告、朋友圈中的广告仍然无法实现追踪。

上述方法可以实现部分平台、部分渠道的追踪监测，然而三大缺点也显而易见：割裂了安卓和 iOS 两个平台的渠道数据，难以整合分析；安卓渠道的广告投放需要重复打包，效率低下；iOS 渠道范围限制多，无法大规模推广。

在 App 营销过程中，许多企业家都非常苦恼，他们知道自己的广告费有一半浪费了，但永远不知道是哪一半浪费了。据调查显示，大部分企业认为移动营销最难解决的问题就是效果监测。在国外，这是科技的差距以及令创业公司同样头疼的问题；而在国内，第三方监测公司正在用平台对接的 SDK 建立统一的评估标准，所有与广告相关的数据将可以量化、追踪和评估，其实就是把传统网络监测工具移植到移动端。

对第三方监测企业而言，推广 SDK 是非常划算的事情。SDK 只有兼容更多的广告平台才能产生价值，但其中牵涉太多的利益纠葛，所以做起来特别不容易，而借助企业的力量推动代理商接受 SDK，就可能达到目的。

这是个共同规范市场的行为，如果广告商不接受统一 SDK 监测标准则后患无穷，特别是当企业对广告商提出严格要求后，广告商如果拒绝是没有好下场的。当然，在移动营销已经满天飞的今天，哪怕是著名企业，也不会只单纯考量千人成本和每次点击付费，广告代理商如果对效果有信心，无须担惊受怕。

对大多数企业来说，App 营销的效果监测主要依赖于安卓安装包，在此前提下，客户从广告点击到下载安装激活的全过程，SDK 对激活是能够实现监测的，但还会有一部分丢失。广告 SDK 是否能有效监测，完全在于广告在 App 中的存活时间，如果用户下载了安卓安装包后删除广告所在的 App 进程，再进行激活，SDK 对广告就无法监测。这就是企业统计到的激活数与广告系统统计存在误差的真正原因。而 App 营销效果的监测，如果没有自己的 SDK 就更难了。

接下来再谈谈后续效果。一些企业需要看到的是激活后的用户行为，比如购买、订单等。由于企业是根据不同的渠道进行监测的，因此所有的后续订单都会被归属到渠道。而目前各个应用存在普遍的洗包现象（当用户安装了一个应用,手机中的某个应用市场提示升级,原来的 APK 包就会被替换为那个应用市场的渠道),导致广告带来的激活包被全部删掉,其后续订单也无法统计到该广告的效果中。所以,这也导致广告平台在做重定向时,所带来的后续效果也会被统计到之前的渠道包下。

App 营销的效果监测正在逐步完善。例如某些平台可以提供完全彻底的数据统计分析服务,可以对所有时段的广告数据进行对比,能够统计全国各个省及直辖市的广告效果,对目标用户的详细数据进行分析、优化。企业也可以根据实时监测数据对某个区域、人群的广告投放计划进行调整。此外,有些专业的广告监测研究机构也可提供基于 html 5、STK 嵌入监测码、数据平台对接等的多种方式,实现第三方效果监测,为企业提供更有效的服务。

第六章

App 营销的九大常用运营模式

免费模式：利用客户心理快速推广App

一般来说,商家在推销产品的时候,会给客户一定的让利。许多人密切关注促销打折的商品,都热衷于收集和使用各种优惠券。对待这类人,一场客户答谢会、一件小礼物就可以吸引他们甚至可以让他们进行非理性购物,本来并没有打算购买这件商品,但爱占便宜的心理让其冲动购物。比如元旦期间某超市搞了一个"满300返50元"的促销活动,因为促销力度颇大,许多消费者就会想尽办法消费300元以上,以获得50元的优惠。

《经济学人》杂志在网站上进行征订工作,杂志社给客户提供两种选择:第一是买59美元的电子版期刊,第二是买125美元的印刷版期刊。在销售过程中,70％的客户选择了第一种征订模式,30％的人选择了第二种征订模式。很快,《经济学人》杂志改变了销售方式,又出台了一种新的销售方案:增加一种印刷版加电子版的征订方式,价格和单独订印刷版一样,结果只有不到20％的客户选择了电子版期刊,近90％的客户选择了电子版加印刷版期刊。

印刷版和电子加印刷定价一样,许多客户都怀疑《经济学人》的营销人员定价策略有问题,但是结果却给杂志社带来巨大的利润,证明他们的营销思路是正确的。为什么仅仅换一个新的销售方法就能增加这么大的销售量呢?原因是:当你让自己的孩子去商店买瓶酱油时,他肯定不怎么乐意去,但当你让他选择是拖地还是去买酱油后,他就很有可能会选择去买酱油。在上面的案例中,客户觉得125美元的印刷版期刊很贵,但当杂志社推出同样价格的电子版加印刷版后,客户就认为自己买这种就占了便宜,这就带给客户超值的感受,而实际上电子版期刊成本极低,并不影响利润。

通过上述描述,你可能对 App 推广有一些自己的想法了。在进行 App 推广时,如何抓住客户的心理,推销你想"卖"出的 App 呢?

推广付费 App 时,推广人员也可以让客户觉得自己有便宜可占。他们看到朋友在用,出于从众心理,可能并不会考虑这个 App 是不是我最需要的,所以推广人员可以从这儿入手,告诉客户有什么优惠,引导客户去付费下载。App 推广人员还要注意一点,尽快判断出哪类客户更有助于你的 App 迅速推广,最先搞定的应是早期那部分客户,他们的作用不可小觑,这部分人群很乐意分享使用体验,他们会引导主流客户纷纷加入。

刚上线的 App 在大多数网站上还属于"新生儿",根本查不到它的信息。那就赶紧为 App 建立一个百科页面,如果用户想了解该 App 的详细信息,上网一搜,就能从百科上搜到介绍,便于他们进一步了解这个 App,从而引发下载试用的兴趣。建立一个百科页面并不复杂,添加一些信息即可,但可别小看这件事,有些百科让人看了有种拨云见日的感觉。所以,在建立百科时一定要在尊重事实的基础上,做到条理化、清晰化,并配上清晰的截图,让用户一眼就能明白这个 App 的用途。

几乎人人手机上都有微信,当他看到能引起兴趣的 App 后,有可能去关注并进一步互动,包括信息反馈。如果你觉得用户可以通过 App 里的"留言反馈"进行互动,这是错误的。很多人不知道这个 App 为何物时,是不会下载的,除非他觉得使用这个 App 是有利可图的。相反,如果用户通过微信了解一款 App 后,他就会有兴趣去下载,这就是建立微信公众号来引流的好处。

另外,通过对微博账号的信息填充,一个企业 App 就拥有品牌根基了,此时最需要做的是在各处发帖,自我宣传。别小看发帖,我们经常会看到,有些广告帖子传播速度惊人,而且被各大网站当作教程,到处传播。当然,要把帖子打造得特别动人,前提是一定要站在用户一边,让他们觉得能够得到什么。

App 的推广渠道很多,要懂得选择一些有用的平台,同时利用其他的新渠道进行营销。能给 App 带来展示和下载的网络媒介、渠道不仅仅包括 App 商店，还包括城市当中的免费 Wi-Fi。提供可以免费使用的 Wi-Fi 并在其中推广 App 是一些大型商场、商家常用的手段。另外，一些应用自媒体也会推荐 App，这可以为企业的 App 提供许多下载机会。

另外，拓展渠道也很费心思，但是很实用——免费推广会让客户得到一定的实惠，此外还有一个好处：通过查看下载量，可以知道 App 有多少人在使用，也能估算出 App 是否有机会推广到更大的区域，同时也更详细地清楚各个渠道有多少能量，为将来的付费推广打下一定的基础。开拓新的营销渠道不是简单的事情。在拓展渠道时，一定要遵守一个原则：只选对的不选贵的，为后续的大规模推广做好扎实的准备工作。

如果推广 App 的预算不是特别充足，可以选择一些网络推广活动，给客户让利，在论坛、渠道开展优惠活动，发发小奖品，以用户的积极参与去提高曝光量，促进 App 的下载。推广活动要和 App 的性质相结合，比如女性 App 可以在健身、美容场所举办，也可以在线上的女性社区举行；旅游 App 可以和国内著名旅行社，如国旅、中青旅等合作，推广活动一定要符合受众人群的特点，满足客户心理需求。

需要提醒的是，在推广 App 时应合理地利用一些传统营销理念，充分利用受众心理来进行推广。现在，一些新 App 刚上线就是一味追求下载量，其实，这种推广方式虽然在短期内效果明显，但是很难带来持续的增长。只有真正重视用户的体验和需求，不断改进，才能赢得口碑，长久生存。

广告模式： 在下载量较大的软件中嵌入 App 广告

用手机上网已经成为人们的生活习惯，不管是从事哪个行业，人们几乎每天都会上网。一款 App 从设想成型到上线，制作者需要付出很多心血。是什么决定着 App 的生死？据某软件公司调查显示，5 秒钟是大多数人能容忍的最长加载时间，60％的用户在 3 秒内就想解决所有问题。当一个 App 的下载时间超过 5 秒，超过八成的人会关闭页面，超过一半的人会选择放弃下载。手机用户不会有耐心一次次地重试和刷新。一般来说，八成的人最多会尝试下载一个 App 两次，近一半的人不会再次浏览先前遇到问题的 App。

在互联网时代，传统企业如何推销自己是个大问题，同时也给传统的广告方式带来了极大的挑战。目前 90％的 App 都是免费的，它们正以广告补贴、App 内购买等方式得到用户的关注。

推广 App 的主要方法有植入广告、注册返利、销售返利等。而在众多的功能性应用和游戏应用中，植入广告是最普遍的办法，企业通过植入广告的办法进行推广，当用户点击广告栏时就会进入相关链接，进一步了解这个 App 的详细介绍。这种方法是最简单的，只要将广告投放到那些下载量比较大的网站，就能达到良好的传播效果。在社交类 App 中植入广告已经成为企业青睐的广告营销模式。

比如乳业巨头伊利，把某款奶制品广告投放到许多有名的社交网站及 App 平台，并大胆地采用另类的植入式广告。它在腾讯 QQ 空间的"QQ 牧场"有这样的展示：玩家领养、成长、产出产物、偷取、售出等等细节，全都是奶制品的生产过程。其中的农场、餐厅等也处处可见，在社交网站热门的礼物、分享等应用程序,玩家会惊喜地发现排名世界 500 强前几名的大企业的身影。对此,某位专家认为,此类网站依靠"偷偷菜、抢抢车位"获得流量的做法不可持续,较之传统的盈利方法,此类网站在盈利方面并不明确,但却是 App 最理想的试验场。

在下载量较大的软件中嵌入广告,并不容易做到,再加上许多 App 开发者无法实现盈利,必须依赖应用内购买或者广告的形式。是否应该换个角度思考,即怎样把广告制作得更生动、与客户的关系更融洽?既然广告是最大的盈利点,何不把它做得更完美呢?

问题的关键是:如何在下载量较大的软件中嵌入广告。疯狂猜图的方法值得借鉴。其制作者巧妙地把品牌营销广告融入该游戏,其中的耐克、宜家等品牌成为关键词,既替企业实现了广告宣传的目的,又不减少人们玩游戏的兴趣。所以企业最好能与客户成为朋友,既能给他们带来趣味,也能让他们学到很多东西,而且能因此获得较高的收益。

的确,受到广告代理商喜欢的 App 植入式广告方法,在各大社交网站上也炒得火热,广告代理商们争先恐后地亮出广告收入的业绩来吸引客户。同时,道具植入可以很快地提升企业品牌的知名度。据说,App 植入广告也吸引了像英特尔这样的超级大企业,其在某款很火热的小游戏中植入英特尔的背景,大受受众追捧,每天都有几百万名的用户活跃其中,经由此进入企业认证空间的也大有人在。

在一个抢车位的小游戏中,最吸引眼球的是摩托罗拉的广告,制作者巧妙地把摩托罗拉手机作为停车位的背景,在无声无息中给客户植入了该公司的品牌形象。游戏中还提到"用 MOTO 手机车位背景,每天可得 100 金钱"的话语,吸引大量玩家使用该背景,尽管奖励也确有其事,但这确实是一个不折不扣的广告。

在下载量较大的软件中嵌入广告,能够把企业品牌快速地传播出去,市场前景光明。企业在制作品质优良、充满吸引力的 App 中合理地植入广告,借助 App 的传播力量,基于品牌定位和产品属性的层面考虑,开发新的 App,利于品牌与客户达到某种契合,从而使企业更有效地盈利。

比如,美特斯邦威利用社交 App 植入广告,其新品推广在短短的 30 天内就收到 3 万多份参赛作品,其中符合标准的一半作品获得了近 30 万人关注。

再比如开心网,有人发帖质疑其盈利有大量水分,开心网完全改变以往的"羞赧",大胆地以"月盈利过千万,用户即将破 1 亿大关"来回应。而开心网的对手也不甘寂寞,站出来大声呼喊:我们仅 2014 年第三季度的广告营收便超过 1 亿元。因此,企业能否找到一个用户数量巨大的平台,是 App 植入广告成功的前提。而各个网站能不能吸引大量企业在其 App 中投放广告,成为企业盈利的首选角色呢?

用户模式：想留住用户，先打动用户的心

相信许多人都有这样的经历：逛商店或者在电脑或手机上网购时，看到一件好的东西会产生购买心理，但如果当时没有购买，可能过几天就忘记了。在手机上看到许多类似商品，看着看着最后买的却是另一个商家的产品；对于许多女生来说，家中堆积着许多并不怎么喜欢、一年中也穿不了几次的衣服。这都是购买冲动产生的后果。

App 营销是什么？说到底就是想尽一切方法促成潜在用户的购买决心。如果无法做到这些，你就会失去客户。

提起 App 的营销价值，企业是最清楚不过的。智能手机的普及和 4G 网络的到来，为 App 精准广告投放提供了有力的依据和参考。也就是说，基于手机的便携性及大众化特性，App 广告还可通过微信上的朋友圈分享给亲朋好友，这种模式的信息分享和传播，能够促成广告效益成倍增长。

App 营销可以有很多方式、方法及推广手段，通过互联网各种营销渠道配合实际活动，吸引更多移动用户去参与，达到广泛传播的目的。虽然目前有许多企业在积极借这一东风去营销，但移动应用广告仍处于"小荷才露尖尖角"的阶段。App 广告能不能有效果，取决于它是否能打动目标用户群体，让用户参与进来。

销售员小赵有一个客户早在第一次见面的时候，他就感觉有合作的可能。那个客户走南闯北，经验丰富，也在暗中观察小赵，对于双方的合作，却没有给出明确信息。于是小赵三天两头给他打电话，在通话的过程中闭口不谈合作的事情，只是问他这几天都忙些什么，闲聊家事，嘘寒问暖。同时他有意识地

去该客户经常出入的地方,在与其擦肩而过的时候热情地打个招呼,但也不停下来与他长谈。天天如此。两个月后,小赵终于把该客户的单子拿下来了。在后来的接触中,客户说,因为觉得小赵人不错,所以愿意与他合作。

其实,App 营销就像谈恋爱一样,如果营销人员能把追求女孩子的耐心与执着用在 App 营销上,成功的可能性会大很多。但是许多 App 营销人员都没有这份耐心,客户一拒绝就放弃了,其实你要知道:这时的客户不光是在比较产品,更是在比较 App 营销人员的人品和公司的信誉。所以 App 营销人员要有足够的耐心,要善于用真诚去感动客户。

很多时候,App 营销人员的思维逻辑停留在"干了什么",而不是"用户感受到了什么"。比如,一做广告宣传,总是强调动用了国内多少多少位非常著名的工程师,经过多长多长时间研发而成等等,根本没有提到能给客户带来什么有价值的东西。而有些人尽心尽力地做一款小游戏,抓住了用户的一个独特的需求,结果红遍了整个网络。如有一款红透互联网的小游戏,就是一个不大的小团体研发的,用户已超过 5 亿个,让国内许多自称为"大家"的设计师自愧弗如。

这款小游戏与其他同类游戏没多大区别,其特征无非是简单、好学、易上手,但它能巧妙地抓住人们爱炫耀和比较的心理,揭示出人们渴望与人交流的特性。再加上动人的音效、天真活泼的动画,让用户有种久违了的感觉,所以就流行开了。很多时候,用户拿到一个 App,什么都没了解,连产品的功能还来不及熟悉就删除了。而有一款免费 Wi-Fi,只要你能用一种电子设备连上网线,你的手机、平板等就可免费使用无线网络。看上去很小的一个改动,但对用户来说已经足够打动他们了。后来设计该产品的团队说,这是他们做得最有用户感知的一个产品点。又比如一个浏览器首页的改动,只是增加天气预报功能就可以方便更多用户,但制作者却不留情面地回绝了:"还有很多其他重要的事情要干"。这是一个不费功夫的小事,但却被忽略了,因为他们觉得自己手上的工作才是最关键的。

怎样才能让用户在 App 的"汪洋大海"中选择你的产品，甚至成为你的 App 的忠实用户？App 营销除了技巧外，还有一点非常重要：想留住用户，先打动用户的心，让用户乐于倾听你的介绍。

"将药水冲淡变成饮料"，这是可口可乐的创业故事，向众人诉说着它风靡全球的光荣历史，而这种风靡世界永不衰落的形象，正是美国 200 多年历史的写照。可口可乐的诞生故事被作为传奇，在不同的文化背景下被反复讲述，让人向往那自由开放的国度。人们在闷热的夏天，打开一瓶凉爽的可乐，那份甘爽瞬间凉透全身。当你不厌其烦地诉说着那个神秘的故事时，可口可乐在世界各地的饮料销售中稳坐第一把金交椅，从而使得这家饮料企业多年来一直是世界 500 强公司。

如果 App 营销人员不讲重点，只有装出来的热情、早已背得烂熟的简介，不可能让用户对你的 App 产生信赖感。所以 App 营销人员需要做的是，讲一些感人的细节。技术细节这种东西，有时候神秘而又充满吸引力。例如，很多用户都是苹果手机的发烧友，但其实他们根本不知道 6000 系列阳极氧化铝是什么，但如果你能在营销 App 的时候用上一段神奇的技术描述，用户会买你的账。但要记住，一定要用最真诚的口吻去诉说那些能让客户印象深刻的技术细节，而不是只有专家才懂得的东西。

电影编剧，特别是好莱坞的编剧对讲故事这种事情了如指掌，他们很善于创造扣人心弦的桥段。每个人都喜欢听故事，我们从小就在各种故事的熏陶下成长起来。所以，如果你想抓住用户的心，一定要会讲故事。《卡萨布兰卡》中的主人公在背叛、忠诚、爱情、亲情、敌人之间辗转挣扎，将人性的光芒与卑微阐述得如此鲜明生动。

同样，讲一个引人入胜的故事，很容易打动用户，进而增加了用户使用

App 的可能性。因为态度生硬的介绍,很容易让人有种拒人千里的感觉,用户可能会生气地转身离去。而如果你能够用一些例子来说明,情况就会有所改变。通过解决用户现实生活中遇到的问题来进行特性说明,目的性、实用性以及效果会更好。苹果关于高速多功能 I/O 接口(Lightning)的介绍是:Lightning 的一个超赞特性是没有朝向,用户不需要为哪面朝上费神,更不用担心会插反。

苹果通过你我会经常碰到的使用场景,形象直观地阐明了这个特性为何如此重要。因此,在列举完毕所有 App 产品的特性之后,记得思考一下:每个特性都为客户解决了什么样的问题?

植入模式：将App和自己的品牌进行巧妙融合

App营销是多元化的，结合其他营销手段、技术，让消费者内心有一种愉快的感觉，体现移动营销的价值是App营销的使命。App营销能够结合传统媒体、视频、实体店、热门事件等方式进行整合营销，带来意想不到的营销成绩。而LBS、手机身份识别、AR、重力感应、陀螺仪等新技术的出现，让App营销可以通过各种技术配合，打破传统营销单一、乏味的模式，吸引消费者的目光。

为了应对夏季音乐节的到来，品客薯片"脑洞大开"地利用传统营销中的"整合事件营销"，迅速量身制作了一个App，利用这股热潮与这个App的推出上线来进行促销。这是App的制作者针对客户年龄、心理特点并进行了大量实地调查之后做出的营销策略，目的只有一个：尽力迎合客户追求快乐人生、过好每一天的心理。这款App满足了客户分享的诉求，使得消费者对品牌产生强烈的认同感。这款App可以发出15种不同乐器的声音，客户只需摇动或甩动手机，就能听到不同的音效，而这又是与重力感应技术的整合。三五个人拿起手机一起各自比划各种乐器的演奏动作，就能组成一支乐队，这让众多客户趋之若鹜。另外，用户的手机只要扫一下薯片包装上的条形码，就能够获得App更新，让乐队不断升级，所有这些还可以通过Facebook分享给好友，引起大家对你的关注。品客这款App用充满趣味的形式、极富创意感的表现、悦耳的音乐节的内容、分享的概念，全方位地传播了企业的形象，吸引了大量的用户参与，成功地实现了营销的目标。

让客户完全了解品牌，进一步建立起与品牌的情感，是 App 营销的主要任务。在这个 App 层出不穷、良莠不齐的时代，利用 App 传递品牌理念、深化品牌形象、增加品牌口碑，提升消费者对品牌的热情度，缩短品牌与消费者间的距离，无疑是明智之举。

香蕉 App 是一个闲置奢侈品交换平台，其会员大多为社会精英人士，手中有大量闲置的奢侈品。此应用的特点是不通过线上直接交易，而是让用户在现实中交易。

有相同兴趣的人更容易成为朋友。每个人在生日、结婚时都会收到很多礼物，而其中有很多只是闲置在家中，并无实际用途。如果能拿出来交换，既可以换到自己喜欢的东西，说不定还能交上几个脾气相投的好友，何乐而不为？

许多人都有这样的经历：把多年不用的闲置品拿到一家店去寄卖，然后再买进其他产品，在这个过程中肯定会亏不少。你有没有想过有一个不用亏本的办法？香蕉 App 就是这样一款应用，它可以让包装完好的 LV 包，鞋柜里已经沾满灰尘的高跟鞋，甚至买了三年都没有骑过几次的哈雷都苏醒过来。通过香蕉 App 把闲置物品的消息发布出去，就会有人打电话向你咨询，说不定就达成了交易。如今，专门面向二手闲置物品交易的 App 纷纷出现，如闲鱼等，形成了一个庞大的二手产品交易市场。这些 App 让每个人手中的闲置物品能最大限度地发挥"余热"，也避免了浪费。

App 植入模式的核心是：在制作过程中将追求与众不同、新奇的创意内容与品牌核心概念相结合，最大可能地展示出 App 的品牌理念，让客户在使用 App 时形成用户黏性，让他们在使用 App 时能获得更多的东西。更重要的是，推出可以为客户解决问题、贴心服务的 App 来提高客户的生活质量，同时，企业也可以借此提升品牌的亲和力，在客户中树立良好形象。关键是要让

App成为客户了解品牌的窗口,打通其他一切可以利用的营销渠道,让App帮助企业最终实现上一个台阶的愿望。

耐克为推销自己的产品,别出心裁地制作出了一款名为"耐克训练营"(Nike ＋ Training Club)的App,帮助客户制定并实施锻炼计划,达到强身健体的目的。此款App具有综合性训练功能,它巧妙地将耐克积累多年的训练经验浓缩进一款特别个性化的健身App,客户能够轻松愉快地拥有独家训练师,随时随地查看训练计划,敦促自己坚持训练,达成健身目标。客户在使用此款App科学健身的同时,也对耐克的系列产品有了更深刻的认识和了解。因此,这款App提升了客户对品牌的忠诚度,增强了企业的形象,在潜移默化中向客户传递了耐克的品牌理念。

在移动互联网时代,App营销越来越成为企业产品营销的重中之重,成为连接品牌与客户之间的主要桥梁,更成为企业创造利润的关键途径。在App营销的过程中,要善于揣摩客户的内在需求,激发出他们的热情,才能使他们心情愉快地参与进来,顺利地达到营销的目的。同时,企业要把以消费者为前提的双向互动,作为App推广的首要策略。更要发挥整合功能,借助App推广的东风,整合其他营销手段,加上互联网技术,带给客户惊喜的感受,延伸移动营销的价值。

专业模式：把 App 做精、做专，用户自然会买账

如今，我们去路边的小店买几斤水果也能享受手机支付的便利，App 营销的专业模式不仅改变了企业的思维，还引发了一些广告制作商营销模式的改变。只要下载一个 App，小区周边的商店、名小吃、好玩的地方便一目了然。在网络非常发达的今天，方便、省心的"外卖"成为生活必需。选中自己喜欢的美食，只需简单操作就能在网上下单，接下来就是耐心地等待外卖到达，足不出户便可享用美食了。

应用市场里的 App 多如牛毛，类似产品也十分常见，肯花钱去购买 App 的消费者少之又少；大多数人会选择免费的 App，免费又好用的 App 基本上是以广告补贴、应用内购买等形式来获得收益。

App 的迅速崛起出乎许多人的意料，它不仅带来了不可估量的消费群体，同时潜藏着巨大的商业利润，一时间，App 引领了移动营销。眼看着在 App 的助力下各参与企业盈利颇丰，加上广大的移动互联网用户市场，很多大中型企业摩拳擦掌，纷纷进驻移动平台。众多商家开始深入寻找并探索消费群体巨大的 App 推广系统。同时，也致力于把 App 做精、做专，通过贴心的服务来吸引大众消费。随着 4G 网络的渐渐普及，App 营销将达到前所未有的高度。

《福布斯》杂志经过调查，得出结论："没人喜欢看广告，无论是 PC 端还是移动端，除非有奖赏。"多年以来，企业广告营销人员在如何吸引消费者方面步履艰难，特别是在吸引消费者认可企业产品上，始终存在障碍：对企业来说，想尽一切办法在各种媒体投放广告影响客户，但消费者并不买账，熟视无睹。

"飞报" App 上有全国各个城市的资讯，包括商业信息、生活服务信息等，它还有手机支付功能。与其他 App 营销截然不同的是，"飞报" App 的定位是：不仅帮助企业实现推广商品的目的，同时也让移动用户在观看各种广告时能赚钱，将广告费通过移动支付返还到用户手中。这个大胆的行动也许会突破 App 营销的壁垒，颠覆移动广告媒体的运营模式和人们的移动互联生活。

"看广告赚钱"是让消费者喜欢广告的动力源泉，飞报创始人黄华在介绍产品时说："没有什么办法比让消费者通过看广告获取广告费，更能让人开心了。"在手机上下载这个 App 后，你什么都不需要操作，甚至也无须进行手机号码和账号的确认（与国内手机应用普遍强制用户进行手机号码注册完全不同），即可阅读广告，并通过揭广告的行动获得厂家提供的广告费积分。

目前，企业在飞报投放的广告费用仅需 5 分钱每次，成本确实非常低，而客户就有一次阅读广告的机会，照此计算，企业只需投入 2 万元人民币，即可让 40 万人看到此广告，如此有价值的低投入高产出，非常具有诱惑力。

"飞报"是第一个敢于吃螃蟹的 App：领先使用地理坐标定位广告的发布，推出了定位、定向、定点，互动、互联、互利等"三定三互"技术。"飞报"App 自带全球定位系统，开启了一种国人独创、世界首创的手机广告新模式。企业可根据目标群体的具体地点定向投放广告，使其广告信息到达最有效的地区，也就是说此广告信息只会出现在指定范围内的客户手机上。如一家咖啡店可以只在本店周边进行广告投放，以避免浪费钱财。据说，此类广告投放技术在互联网中也算是最前沿的，就连世界互联网巨头 Facebook 也发布公告称，将推出"地理定向"广告发布模式，并称该模式可以"改变未来"。

谁都可以在这里建立一个只属于自己的平台，而且无须投入一分钱。虽然附加了快捷建店等功能，但飞报思考的是"如何让客户与商品快乐地连在一起，飞报未来目标就是要做中国最优秀的移动广告社交媒体，高质量的人生首先从广告开始"。

基于该平台的规划，飞报页面在制作上大费周折，除"看广告赚钱"充满吸引力外，还开发了"心理医生"式的"头条"和地理位置自媒体的"发现"功能，极具特色。飞报上线前，在业内已经小有名气了，有数十家客户希望与飞报进行深度合作。

用户下载飞报后，即可阅读广告，获取商家提供的广告费积分。飞报已经在各大平台上线。飞报倡导的"让广大手机用户都有收入"的理念无疑是一个大胆的创新。

当前市场上还有一些贷款 App，不仅缺乏成熟的风险控制体系的支持，也缺乏互联网先进技术支持，因此审批额度一般都只能在几千元至一两万元。这样的信贷额度不能满足诸如生意资金周转、小微企业创业这样的大额需求，因此被形象地称作"蚊子贷"。

飞贷目前已经与中国多家银行达成了资金战略合作，而且只选择跟银行、信托、证券等传统金融机构合作，这种与传统金融机构的资金合作模式，也成为中国金融史的一大创新。

每个 App 背后都有一家充满希望的企业，但只有梦想的企业是无法面对竞争残酷的现实的。有超过 50％的 App 由于用户反应冷淡，从上线后就成为不会更新的"僵尸"。网络产品的竞争残酷无情，移动广告服务平台想要获得大量用户的关注，首先要在广告形式上下一番苦心，这样才能让企业立于不败之地，走得更远。

亮点模式: 亮出自己 App 的与众不同之处

对一款 App 来说,要亮出自己的与众不同之处,不仅要页面干净、整洁,分类明晰,还要细节、画面的流畅感,视觉的冲击力,UI 的精细化,玩法的不断创新和变化。可以不是最好的,但一定是功能丰富、能创造出一个与众不同的新世界的。在这里,真正有价值的信息是绝对的稀缺品。比如下面这两款 App 就表现出了自己的与众不同。

"马上吃"App 之所以很受消费者的欢迎,是因为它比同类 App 更加方便,外卖、订桌、订餐、排队叫号、支付这些功能的实现不是单纯进行信息展示,而是在情景化再现的前提下,针对客户需求定制的深度服务。

登陆"马上吃"App,通过地理位置定位,能够看到附近 1 千米内所有的餐厅,可以根据价格、热度、好评等系列条件筛选做出决策。此外,该 App 还实现了深入的订餐服务,当你点击进入后,就能看到餐馆的菜品展示。根据菜品展示、特色菜品推荐,你可以直接在线订餐,然后选择外卖配送或者到店消费。

我们在订外卖时,遇到最多的问题是送餐速度太慢。而"马上吃"实现了外卖送餐的卫星实时定位,你在电子地图上可以看到送餐的实时移动图标。

如果你想到餐馆吃饭,"马上吃"还有在线订桌与排队叫号功能。当你进入餐馆主页后,就能看到餐馆餐位的详细情景:有几张桌子,每张桌子有几个位置,哪张桌子临窗,哪张桌子靠近厕所,位置是否已被预定。如果喜欢的位置已经被占用,可以选择在线排队叫号,先在餐馆附近逛逛,一旦位置空出,会立即得到通知。

"马上吃"App 还可以直接在线支付账单,用银联、支付宝或微信都可以结账。

"马上点"是该 App 里的一个辅助功能,专门为餐馆商家开发设计的移动智能管理系统,包括菜品管理、智能点餐、餐台管理、订单管理、收银结账、语音对讲。在目前流行的餐馆类应用的基础上,"马上吃"根据餐馆现场管理情景,进行了功能的拓展,打通与消费终端的关联,实现了餐馆线上线下的管理。

许多人都有过这样的用餐经历:在餐馆吃饭,有任何需要都得麻烦服务员——点菜、催菜或加餐具等,服务员需要先过来问询,再回去拿物品。对于餐馆来说,这一来一回很浪费时间。针对这样的实际问题,"马上吃"App 上可以发送服务需求,服务员接收到需求后,直接送上所需服务,节省了时间。据统计,通过管理移动智能化,可以节省 20% 左右的人力,这对于人力成本不断上涨的餐饮业来说无疑非常有吸引力。

除了现场管理,"马上点"还有外卖功能:客户通过马上吃 App 下单,你通过马上点接收点单,直接实施配送。

除了"马上吃"之外,还有一个值得一提的手机视频直播平台——"在直播",它集成了一系列社交功能,并能实时看到观众的来往、点赞以及弹幕,每日活跃用户超过 10 万。

与其他直播 App 不同的是,"在直播"更关注生活化的内容,也更偏向社交化,主播与观众之间的地位平等,而且态度热情亲切。"在直播"App 的贴心是其大受欢迎的原因之一。此外,"在直播"可视性强,每位用户都可以在平台上发布自己的直播视频,且都有自己独立的账户,登录账户平台后有个性鲜明的个人大屏头像,直播数、获赞数、粉丝数一目了然,分类准确到位不烦琐,分分钟就能上手。这也是"在直播"迅速火爆的原因。

不仅如此,在直播 App 的主播内容最主要的是双方互动部分,边分享生活日常,边和大家发出的弹幕互动。事实证明,这种互动的方式也让在直播 App 能够从多如牛毛的 App 中脱颖而出,成为爱分享、爱表达、爱生活的年轻人群的首选,让每个人都可以轻松成为生活中的大明星。

　　在App营销中,有一个显而易见的特点,就是所谓的"小屏幕,大营销"。在移动互联网营销体系中,针对的都是个体,很难有一个单品的销售额超过10亿元人民币,所以说是"小屏幕"。为什么说是大营销呢? 我们看一看电视里的广告就知道了,各类企业产品的广告投放量相当大,人们的衣食住行几乎无所不包。也就是说,在今天激烈竞争的环境中,企业的营销费用投入是很大的。App营销什么? 当然是营销企业的产品。而App营销的最终目的就是为了建立一个知名度高、美誉度高的强势品牌。

内容模式：打造优质内容，精准吸引用户

当前，移动阅读、移动购物、移动社交、移动听歌等都已经成为人们生活的一部分。而如何从众多 App 中脱颖而出，让自己的 App 具备优势呢？

据一份资料显示，截至 2016 年 12 月，我国移动互联网的用户已达 7.3 亿人。从某种程度上来说这 7.3 亿个手机用户都是 App 的潜在客户，但不是每一位潜在用户都会使用你的 App，如何找到目标用户？

吸引不了客户就意味着平庸，最后的结果除了被淘汰，不会有第二条路。只有不断地创新，才能创造出更多价值。一个出人意料的创意，往往能令产品更加深入人心，增强用户黏度，极具创意的 App 营销案例或许可以让你从中得到许多灵感。

1. 抓住实用性，关注用户的生活细节

从用户最习以为常的细节着手，发现他们未得到满足的需求，再尝试植入产品。如星巴克推出的 Early Bird（早起鸟），用户下载这款 App 后，可以设置一个起床时间。当起床闹铃响起后，如果您能按时起床，就可以得到 1 颗星，要是能在 60 分钟内赶到最近一家星巴克店，用这个 App 验证时间，即可用折扣价买到一杯咖啡。另外，用户还可以设置未能按时起床的声音，如"再不起床，迟到了罚款 100 元"等。

2. 把产品体验做成互动游戏

App 营销的实质，就是换个方式引起大家的注意，比如把商品开发成小游戏，如可以随自己的意愿拍摄视频，化妆品盒可以作为智力游戏的道具，牛奶

可以自己去制作……宜家 App 可让用户随心所欲地设计，同时可参与投票选出自己喜欢的爱居。宜家还会对这些优秀创作者进行奖励，利用个性化定制营销来盈利。

3. 个性化的产品或服务定制

让 App 具备个性化定制的功能，比如汽车 App，可以支持许多种车系的定制，通过车型、发动机、外观、内饰、配置等几个步骤就可以简单实现个人定制。以定制一台奥迪 A4 Allroad Quattro 为例，可以选择车身颜色、车型、发动机、内饰、轮辋尺寸和样式、装备配置。系统会将你的选择单交给销售商，你便可以订购自己理想的座驾了。

4. 逆向思维，不用该产品会产生什么后果

把不用该产品可能导致的严重后果放大，以游戏的方式演绎出来，让客户产生必须要用的心理。比如一家生产避孕套的企业推出的 App 可以模拟养小孩，就像你真的有了一个小孩一样，吃喝拉撒都需要你的帮助，让你体验一下有了孩子后的压力，各种婴儿相关活动的邀请也会随之而来，时刻提醒你不使用该产品的"后果"。

5. 将客户的欲望放大

赚了 1 万元想赚 10 万元，有了三室两厅还想要一个大别墅，这就是永远无法满足的人类的欲望。如果将这种人类与生俱来的欲望与企业品牌相关元素融合，则会让营销如虎添翼。这种方式适合服装、电子产品、食品等快消品及和生活密切相关的行业。如荷兰 FB 品牌 App，只要客户去参与评价并分享到指定的网站，App 上的女模特就开始进行脱衣服的动作，客户的评论越多，衣服脱得就越多，一直到脱光。尽管这个方法有点过火，FB 品牌还是实现了口碑传播和知名度的提升。

6. 将服务平台用 App 呈现出来并加以创新

比如中国房地产领域一体化综合服务商易居中国推出的"口袋乐居"，凭

借"让不动产动起来"的特色优势,面市短短几个月先后开创房屋精准估价、移动支付等先河,帮助房企实现营销目标的同时,又为用户提供了实用的功能,曾经占据各大房产类应用下载排名的前列。

在房地产市场竞争程度达白热化,国内大批房地产商纷纷计划转型时,"实惠"App 却一枝独秀地开创了房地产服务商转型 O2O 的新模式,通过免费送福利的方式回馈业主,并以精准的用户群吸引商家进驻平台。

许多开发商试图在商业、影视、文化上寻找出路。房地产商们在未来不能单纯依靠新房的销售实现盈利持续增长,需要更多地思考如何为社区提供服务,以此在后房地产时代争取更大利益。目前,实惠 App 以免费摇福利方式吸引用户,并以此作为连接商户和精准客户的核心内容,创造社区 O2O 新模式。

实惠 App 围绕精准客户群体、稳定的客户关系运营,也吸引了大量的用户,其他企业和广告商也愿意在此平台投放广告。

实惠 App 除了策划运营特别到位外,还通过许多福利吸引用户,以此直接在社区与用户互动,从物业费切入并通过"社区业主缴纳多少物业费,实惠赠送多少实惠福利"的办法来实现。截至 2015 年 6 月,实惠 App 已经拥有 650 万名注册用户;签约福利 2676 万份,价值 83.3 亿元;送出福利 1652 万份,价值 52.6 亿元。截至 2015 年 7 月,实惠 App 已经在 40 个城市"安家落户",并将在深圳全面进驻 100 个社区,为深圳市民带去福利和实惠。

7. 线上线下联动

许多 App 营销只是在线上发布二维码,不重视线下活动,其实线下活动往往能够解决线上活跃度不足的问题。比如可口可乐在这方面就做得很到位,只要你在指定的沙滩电视广告播出时开启 App,一旦见到"可口可乐"瓶盖,你的手机也会出现响应,挥动手机去抓取画面中的瓶盖,在广告结束时就可以得到一定的奖励,这种推广的成功率往往很高。

8. 充分利用客户的等待时间

在机场候机厅、地铁站、公交站,等待是人们最无聊的时候,如果能让这个时刻不无聊,App营销就不是难事了。法国航空曾推出一款App,用户下载到手机上后可以听音乐,可以用手机搜寻空中的歌曲,捕捉到后可直接试听。此款App中还有可以赢取优惠机票的游戏,让等待不再无聊,形成了良好的口碑传播。

任意一款富有创意的App都离不开制作者的热情投入,如果你没有热情,App就会淹没在浩浩荡荡的市场洪流之中。可以说,一款优质的App针对每个需求点都可以创作出很多的特色,其成功与否主要在于与客户的亲密度,是否并反映出公司和产品特性、达到用户的要求,但是更要记住App最终是为了达到什么目的。

情感模式：找到用户痛点，引起用户共鸣

我们的身体有一个穴位叫作"阿是穴"，又名不定穴、压痛点。什么叫"阿是穴"呢？就是人生病的时候，在病灶的附近，可以用手指按压而找到一个特别痛的点，这就是"阿是穴"。只要找到"阿是穴"，采取按摩、针灸、火艾、拔罐等治疗手段，就能使病痛缓解甚至消失。

Nespresso 的 CEO 瓦克曼说：当你发现一个问题，你就发现了一项新的业务。如果我们在 App 营销时准确地找到客户的"阿是穴"，对症下药，灵活运用，采取适当的营销手段，就能取得较好的效果。我们的任务就是不断在市场摸索中，为客户找到"阿是穴"。这就是所谓的找到用户的痛点，引起用户的共鸣。

痛点（pain point）就是痛苦的点，是用户抱怨、不满，感到痛苦、难受的接触点。App 营销就是要找到用户的痛点，再进行营销。消费者在使用产品的时候，原本的期望没有得到满足而造成的心理落差或不满，最终会在消费者心里形成负面情绪并爆发出来，让他们感到不愉快。如果一款 App 能够实现消费者的愿望，打动他们的心，激发他们的使用欲望，让他们心甘情愿地成为"粉丝"，就是成功的 App。

针对那些常年在外的打工者，联想开发出一款名叫"看家宝"的产品，并在营销过程中采用三部曲方式，每一曲都直戳用户"痛点"：每个人都想"常回家看看"，特别是能回家与家人一起过个团圆的春节，但现实中人们不得不远离家乡在外打拼，对家的思念只能深埋在心底，而且和离家的距离成正比。联想

的"看家宝"恰恰能缩短与家人之间的距离,通过网络摄像机和云端存储视频的功能,什么时候想看看家中的情况,就能用手机或电脑看到家里的情况,呵护孩子,关怀老人,照看宠物,实现和家人的零距离。其中的关键词"距离"与产品的核心诉求有很好的契合,该活动以"思乡体""我在＿＿,家在＿＿,离家＿＿公里,＿＿＿＿＿"为句式,制造出有意思的分享,不知不觉中将用户带入情感营销之中,使他们感受到联想"让关爱零距离"的良苦用心。

如果一款App能够具备使人感动的能力,或能让消费者开怀大笑,就会使品牌从冰冷的物质世界跨入到有血有肉的情感世界,联想"看家宝"就击中了出门在外人内心深处的情感。父母年纪大了,自己没有办法常常守在他们身旁;孩子在家里究竟吃得饱不饱、穿得暖不暖……有了"看家宝",你再也不用为这些事牵肠挂肚了,利用手机、iPad或电脑观看家中的实时视频,仿佛与家人在一起。

上面的案例说明:App营销要找到用户的不满意之处。用户为什么会不满意?因为还有一些需求没有被很好地满足。我们经常要截屏而找不到功能键,说明快捷需求没有被满足,所以小米做了截屏快捷键;坐公交地铁必须购票,有时得排半天队,所以交通部门研制出了一卡通;iPhone用一天就没电,而有的充电宝携带不方便,所以小巧的卡片式移动电源产生了;手机一开机就会受到推销广告的搔扰,所以电话软件多了一个拦截广告功能;缴水电煤气费,以前要按时到银行排队缴钱,而用支付宝钱包足不出户就能解决问题。这些都曾是广大用户的"痛点",其实也是打开App营销成功大门的钥匙。

但是,大多数传统企业认为:技术才是创造利润的金钥匙。其实,客户的很多需求并不是用技术就能解决的,应该以用户痛点为中心。

那么,如何才能找到客户的痛点,进行App营销呢?

最重要的还是从客户的需要、兴趣、期望出发寻找痛点,给他们营造出一种"这个产品和服务最优秀"的感觉,让他们觉得不购买你的产品和服务就会遗憾,甚至会"心痛"。在 App 营销中,要针对客户的心理需要进行变通,再结合自身的条件去研究业务流程,分析客户消费习惯,了解哪些客户使用自己的产品,客户为什么会不满意,存在哪些盲区和误点,能否解决。把自己当成客户,想一想自己需要什么样的产品与服务,最后再认真地分析一下竞争对手的优势,扬长避短,找到 App 营销的痛点,凸显 App 的品牌优势、技术优势、服务优势,通过宣传、体验、使用,为客户解决痛点,更好地激发他们购买产品的欲望。

如一款交换类的 App 即将上市,某营销经理承接了这个任务,他针对本行业目前的同质化、价格竞争较为严重的情况,从产品定位、服务态度、物超所值等方面体现差异化,如产品的不同、品质的不同、服务的不同等,不在价格方面做文章,创造出独特的竞争优势。在相当短的时间内,这位营销经理就有丰厚的收获。方法都是类似的,首先是分析自己所具备的优势,从各方面考虑,通过走差异化之路,为客户带来高性价比、差异化的服务,取得了不错的 App 营销效果。

最后,App 营销要掌握从纵横两个方面寻找客户的痛点。什么是纵横呢?就是横向对照加纵向比较。通过横向与竞争对手的产品或服务对照,抓住客户的痛点,创造出自己的优势;在纵向,寻找出客户需求的变化,尽力满足他们。

尖叫模式：　超出用户的预期

动物科学家做过这样一个有趣的实验：每天给每只猴子吃3根香蕉，偶尔给猴子4根香蕉时，它们都会高兴得手舞足蹈。有一次，实验人员给了每只猴子7根香蕉，随后再从中收回2根。虽然猴子们手里的香蕉比以前多，但却对实验者拿走2根香蕉表现出非常愤怒的样子，激动的情绪几个小时都不能平复。

这种现象在我们人类社会中比比皆是。比如，某公司老板接连3个月给员工发500元奖金，员工很高兴，人人辛勤工作。到第4个月的时候发了1500元奖金，之后又对员工说因为财务人员的错误，追回了700元，实发800元。其实员工还是比以前多得到了300元奖金，但是他们对老板仍然持抱怨心态。

这是人性中普遍存在的特点，人们在对待某些特定事情的时候，往往存在一种思维惯性，这与猴子的反应并无区别。在App推广过程中，如果你带着错误的思维，就会让客户产生不良的感受，尽管你为此已经付出很多，但客户却不认同，出现"费力不讨好"的尴尬局面。

给用户创造惊喜，超出用户的预期，让他们看到商品或服务后发出"哇"的尖叫。这种体验会给消费者很大的冲击，App会一下子进入消费者的内心。例如：京东有时候做活动，董事长刘强东就经常充当快递员的角色，给客户带去惊喜。这就是超出预期的体验。

很多企业在给客户创造惊喜方面都会付出很多实际行动，比如用户购买了一部手机后，商家往往会附赠耳机、贴膜之类的小附件来拉拢消费者的心，这也是超出预期的体验。

当支付宝钱包推出"服务"和"接口"开放平台后，在服务方面全面开放服务窗、卡券、二维码和 Wi-Fi 申请，让商家可以零成本开展相关移动业务。而接口方面将开放七大类 60 多个 API 接口，让商家和开发者可以借助支付宝钱包的技术、数据能力进行个性化的高级开发。这样，商家就可以免费进驻支付宝钱包搭建一个"移动店铺"。

这些接口的开放有什么意义呢？这给客户带来更加便利的生活服务，如免费 Wi-Fi、周边信息、更便利的支付、流畅的售后服务等。此外，支付宝宣布联手华为公司推出国内首个指纹支付的标准方案。用户在支付宝钱包内进行购物、转账等操作，不再需要输入数字密码，只需用手指轻轻一按，支付即可完成。

对于酷爱逛街的人而言，支付宝的定位服务十分方便。它以"电子围栏技术"为核心，在线下环境通过 GPS、Wi-Fi 和苹果的 ibeacon 近场定位技术，给商户推送进店人员的相关信息并提醒商户快速做出相关的优惠等定向推送反应。目前，支付宝已建立起一套完整的实名账户体系，实名用户数超过 3 亿个，活跃支付用户数已超过 1 亿个。除此之外，支付宝还能根据用户在 PC 端的浏览数据来推荐服务窗口，并通过 46 万个既有支付宝商家和淘宝商家的交易，来给商家找到相符合的目标客户。

2017 年 4 月 20 日，微信上线了"发票小助手"小程序，用户通过该小程序扫描二维码就可极速开具电子发票，非常方便。

2017 年 6 月 8 日，支付宝也不甘示弱，宣布推出同样的功能，而且相比微信来说更加完善。按照支付宝的说法，这一功能是直接集成在支付宝里的，无论是开具酒店住宿还是餐饮发票，直接扫描前台二维码即可开具。

而且，用户使用支付宝扫码输入企业名后，支付宝能自动解析出企业税号等资料，一键开发票。原来手动三分钟，现在十多秒即可完成。此外，支付宝里还有"发票管理"功能,方便发票归集管理,可到报销时再打印。

有些App营销在各方面工作都做得很到位,但是客户还是有许多埋怨。为什么会出现这种情况呢?原因是这些品牌虽然做得很好,对客户的承诺也很多,但如果承诺能够全部兑现,消费者只是觉得这是理所当然的。可是,如果企业不能按时兑现承诺,哪怕只是很小的一部分,客户都会产生很大的失望情绪,抱怨也是在所难免的。

我们把心理学与App营销结合起来,就会得到如下的结论:客户只有在使用App之后才能有满意或失望的感受。企业在发布产品之前,把产品吹得天花乱坠,但当客户真正使用过之后,如果发现根本不是那么回事,与之前的期望有落差,客户会马上删除这款App;如果企业能够兑现承诺,则会让消费者产生信任感。

某饮料企业曾经搞过一次喝饮料赢演唱会门票的活动。只要你累计收集瓶盖达到规定的积分后就能兑换一张兑换券,或用一定数量饮料瓶身标签来换兑换券,最后用兑换券兑换演唱会门票。因为此次演唱会云集了多位一线歌手,这项活动调动起了广大消费者的极大热情,而这家企业给出的兑换条件也不高,结果该企业的饮料销量在这段时间暴增。

等到兑现门票时,却让消费者失望不已。兑奖当天,兑奖者如潮水般涌到兑奖地点,远远超出了企业预计的人数,该企业只兑换了十多分钟就停止不兑了。之后,在人们的强烈要求下,又兑换了一段时间后就停下了,该公司试图让没有耐心等待的人放弃,告诉大家:"门票已经兑完,余下的每张兑换券可换饮料一瓶。"辛辛苦苦集攒的兑换券只换来一瓶饮料,而不是一张价值上千元的演唱会门票,这让消费者们失望透顶,愤怒的人们把现场给砸了。

该饮料企业的此次活动无论是因为计划不周密,还是用炒作来欺诈消费者,最终都给企业的品牌形象造成了严重的损害,其饮料销量迅速下滑,甚至引发了消费者的抵制风潮。可见,想要消费者获得超出预期的惊喜并不容易,在做营销时一定要考虑周全,一旦做出承诺,必须保证实现。

第七章

App 营销经典案例

一站式旅行："去哪儿"的营销之道

全球最大的中文在线旅行网站去哪儿网旗下有去哪儿攻略、去哪儿旅行、去哪儿酒店、去哪儿当地、去哪儿兜行、去哪儿旅途、去哪儿生活等多款App，致力于给人们提供最全面、便捷的旅行和生活方式。

去哪儿攻略App提供旅行前以及旅行中的所有资讯；去哪儿旅行App具有预订机票、预订酒店等功能；去哪儿酒店App着重给旅行者介绍酒店在哪儿、价格如何；去哪儿当地是旅游比价预订平台，主要解决到达目的地之后的旅游线路选择及预订问题；去哪儿兜行App提供旅行中的吃、住、行、游、购、娱等资讯；去哪儿旅途App满足旅行者在旅行中的拍照、记录、分享与互动需求；去哪儿生活关注生活休闲，主要功能有美食餐饮、休闲娱乐、出行打车、超值酒店、折扣机票等，让生活中的消费更有保障。

这几款App目前已经覆盖各种手机系统，至2012年9月，仅去哪儿旅行App用户量已经突破2000万。据比达咨询（Big Data-Research）数据中心监测数据显示，2016年8月，主要在线旅游App月活跃用户数方面，去哪儿旅行以2385.2万人的绝对优势排名第一，携程旅行、飞猪旅行分别位列第二、三位。

今天，利用节假日出门旅行的人不用像以前那样，出发前很久就坐在电脑前查路线、订机票酒店，旅途中拿着打印好的资料或一本当地旅行指南，回家后坐到电脑前整理照片和游记，用QQ与亲朋好友分享。随着移动互联网的迅猛发展，旅行的种种需求变得容易解决，几乎可以全部用智能手机实现。

去哪儿网的App更精准地解决了"说走就走"的旅行中各环节的需求，人们可以通过手机，轻松解决旅行中的各种问题。随着移动互联网的迅猛发展，用户需求也将日益多元化,关注细分领域的多点 App 战略将成为必然趋势。

游记与攻略既是一段旅程的结束,也是新旅程的开始。其中关于机票、酒店、景点、餐厅、娱乐等的经验,能够成为亲朋好友或素不相识人的旅行参考。这是去哪儿攻略 App 所解决的问题之一。去哪儿网可以为旅行者提供各类出行信息,用户可以据此轻松制订出一个属于自己的详细的旅行规划。不同于目前市场上比较活跃的资讯类 App,去哪儿攻略有着更特别的优势。

去哪儿 App 延续去哪儿网的优势,如在机票查询预订方面具备搜索比价、特价机票抢购、机票价格趋势查询等功能,率先推出在旅途中移动支付费用的服务,支持多家银行的在线支付。航班动态、机场信息则是大家认为最有用的。旅行类 App 评测分析报告显示,去哪儿旅行是国内目前最全面、最优质的平台之一。

苹果升级 iOS 6 系统后,新增的 Passbook 功能大受客户青睐。作为苹果公司挑选的首个国内旅行类应用,去哪儿旅行率先支持 Passbook 功能,支持用户将去哪儿上的酒店订单加入 Passbook,以解决旅行者办理酒店入住难的弊端。

近距离无线通信技术(Near Field Communication,NFC)一直是移动互联网的核心关注点,被专家认为具有广阔的发展前景。去哪儿网于 2012 年 9 月联合一个著名的手机制造厂商及酒店,率先推出基于 NFC 的酒店预订服务,大大方便了旅行者的出行。

去哪儿酒店 App 是一款独立的酒店类 App,致力于给商旅人群提供一个满意的家,着重推出全国各大城市酒店每天的剩余房,并有特价酬宾活动,以实惠的价格吸引广大商旅人士。

去哪儿旗下多个 App 在满足旅行者各种不同需求的同时,会不会让想出门旅行的人眼花缭乱?具体来看,各个 App 有不同的分工,比如去哪儿旅行 App 侧重的是旅游应用集合,作为一个专业的平台,它更是旅行者必不可少的旅伴,帮助他们解决各种各样的实际难题。

智能手机的出现让游记从旅行结束后再下笔提前到了旅行过程中,旅行者随时随地都可以发表自己的所见所闻,动动手指头,就可以与朋友们分享。去哪儿旅图App面对的正是旅途中的需求,无论什么时候想把自己拍的旅行照片上传到网络与其他好友分享,都可以快速实现。

据工业和信息化部发布的信息显示,2017年2月末,中国移动互联网用户数已经达到11.2亿,使用手机上网的用户数近10.6亿。这种迅速普及,也让企业能够搭乘移动互联网的顺风车,迅速到达盈利的对岸。据说,已有许多企业开发的游戏类应用月盈利达到千万元级。

2017年6月,去哪儿网宣布推出独立的火车票App"去哪儿火车票"。继推出独立的汽车票App后,去哪儿网车票战略业务单元(Strategical Bussiness Unite,SBU)在推动车票预订无线化的道路上又向前迈进了一大步。

去哪儿网车票战略业务单元总经理吴小珊表示,越来越多用户习惯于通过移动端预订车票。为顺应这一趋势,去哪儿网推出火车票App,目前已经在苹果及安卓应用商城上线,用户可免费下载安装。

去哪儿火车票App可支持包括学生票、儿童票以及成人票在内的多票种购买,同时支持包括第三方支付、信用卡支付及储蓄卡支付在内的多种支付方式。用户预订成功后可持身份证直接在车站取票。去哪儿火车票App还可以提供个性化的选座服务。用户可以根据自己的喜好,譬如靠窗还是走道、上铺还是下铺,在线选定座位,同时只需支付快递费用即可享受送票上门或送票到站服务。此外,该款App还具备购票提醒功能,用户添加想要购买的车次信息,有余票时该软件将第一时间通知用户。

钉钉免费电话：让免费电话打进现实

随着移动互联网发展得越来越成熟，其业务逐步向电信领域延伸，新一轮的免费电话 App 更是准确地抓住了用户的需求，给用户带来了实惠。

中国电信、中国移动、中国联通三大运营商一直在尝试向移动互联网转型。中国电信是国内规模最大的流量经营者，立志于做智能管道的主导者、综合平台的提供者、内容与应用的参与者。中国联通注重规模增长与协调发展及创新变革，加大 4G 网络覆盖，提升网络速度，加快推广千元智能手机，提高 4G 渗透率。中国移动聚焦移动互联网，加强全业务战略资源储备，建立终端公司，关注终端、芯片、OS、浏览器，还准备独立运营互联网公司。但是正如俗话所说，船大难掉头，这些运营商巨头要想转型做互联网，步履缓慢。

电信运营商的语音通话、短信、视频通话等业务，正在遭受来自免费电话 App 的冲击，免费电话 App 以其免费拨打的特质，可能会在不久的将来取代传统电信，成为下一代语音及短信通信的主要工具。

阿里巴巴正式推出了全新企业版应用"钉钉"，主要面向企业级用户，解决工作团队的实时沟通问题。

这款 App 提供每月最多 1000 分钟的免费通话时长，支持移动、联通、电信三大运营商互拨，支持 Android、iOS、Windows 跨平台，而且通话过程无须流量，宣传中也称其通话音质是国内免费电话中最好的。

那么钉钉究竟是一款怎样的神器，它跟微信电话本等免费电话服务又有着什么本质区别呢？

1. 免费电话

从界面来看,钉钉与微信电话本类似,提供一个通话记录,不过标签名字叫"消息",因为它不仅是一个免费电话App,还提供一种名叫"Ding"的服务。

点击列表展开详情再点击"电话"图标就能拨出电话了,通话直接使用手机系统自带通话功能,这是与很多第三方免费电话不同的地方,因为它真的是在打电话,而不是使用流量的语音通话。

从官方了解到,无论对方是否安装钉钉,你都可以随时随地打免费电话、进行多方通话,而且通话过程不消耗流量(走的依然是移动/联通/电信这三家运营商的线路,不过使用的是专线,而话费由阿里巴巴支付),所以其音质可以说是国内免费电话中最好的。

在拨打电话时,你首先会收到一个打进来的电话,上面标识着"钉钉免费电话"。点击"接听"后会听到一个语言提示:"正在呼叫对方,请稍候……"再等待5秒钟左右,对方就收到你的电话。

在实际使用中,钉钉的通话质量和稳定性都不错,对方完全感觉不出你在使用第三方软件,在细节考虑上也非常周到,大家可以放心使用。

在通话时间上,阿里巴巴为个人提供了每月100分钟,团队300分钟,企业1000分钟的免费通话时长。加入"企业"后,除了能获得1000分钟的免费通话时长外,还能联系到所有加入钉钉的同事。

如果你还没有工作,其实两个人就能组建一个团队,然后每个人的额度便会提升到每月300分钟,而且这个额度没有使用限制,300分钟的时间对很多用户来说完全够用了。而对于开通自由组合套餐的用户来说,意味着可以只开通电信运营商的流量套餐了。

需要注意的是,虽然在通话过程中不消耗流量,但在拨打时却需要一点点流量来连接服务器,所以打电话前还是需要开启Wi-Fi或数据流量的,当然这个流量消耗完全可以忽略。笔者也尝试了在通话过程中关闭Wi-Fi和数据流量,结果通话仍正常进行。

2. "Ding"一下

与 App 的名字相呼应,这款应用还提供了"Ding"功能,可以给多个用户发送消息,你也能看到哪些人查看了、哪些人还没有查看。

在发送"Ding"时,对方有两种接受方式,一种是电话,另一种是短信。发送的内容也比较全面,文字、图片、语音全有了。

如果以电话的形式提醒的话,对方会收到一个电话,先是有个语音提示告诉对方,哪里的谁谁谁给他发了一条通知。如果有录音的话会直接在通话过程中播放,而图片则在稍后以彩信的形式发送到对方手机上。

因为支持随便设置"提醒时间",钉钉也算是一款非常不错的语音留言App,而对于一般用户来讲,一天 10 条足够用了。

不过"Ding"的主要用途还在工作团队间的交流,其产品负责人陈航也曾表示,这款产品的设计初衷就是"钉钉一响,工作来了"。他还称,我们希望帮助用户把工作圈和生活社交圈分开。很多时候,我们被各种 App 消息淹没,反而会错过重要的会议、任务、事件。

3. 聊天比微信更酷

几乎所有社交 App 都是一个模样:左边是其他人的消息,右侧是自己的消息,阿里"钉钉"也不例外。不过我们还是可以看到,其在交互上做了更好的改进,比如发送语音时只在右下角很小区域显示,而且只是手势快速发送和删除,发送的语音也会用声纹的振幅表示哪个位置是"有声音"的。

"钉钉"引入了"未读"功能,会时刻反馈已发出消息的接收情况,如果有人没有查看,消息前面会标记"几人未读",其实这个功能在陌陌等 App 上早已存在,阿里移花接木推出了一个很实用的服务。

钉钉确实也为团队间的交流提供了很多极具效果的功能,比如"Ding"一下、实时显示对方有没有收到消息、支持 1500 人群等等。不过企业间的交流也是比较私密的事，阿里巴巴还需要在数据加密、隐私保护方面做出明确的声明。

阿里巴巴集团开发的"钉钉"，在员工的生活当中也能充当小助手，不信？我来给你介绍钉钉的三大另类用法吧。

另类用法一：表白神器

钉钉中有一个密聊功能，这个功能只能"看在眼里、烂在心里"，很适合向暗念多年的女神或者男神表白，表白之后也不必担心被拒绝而尴尬，当然最重要的是，她/他不知道你是谁。如果他/她猜出你的心意，那么就可以大胆在一起了。

例如，"我"向认识多年的女同学吐露了自己的心声，她表示可以试试。整个聊天过程隐蔽性很强，看完消息 30 秒后会自动删除，不留痕迹，避免了拒绝后的尴尬。

"我"的表白，这个功能的核心是保护隐私，在此模式下，信息不能被复制，用户无须担心被录音，姓名、头像都会被打马赛克。聊天内容在已读后 30 秒内消失，不留痕迹（未读信息不会消失）。

另类用法二：通知神器

出去"约"最怕什么？当然是怕被小伙伴放"鸽子"啦！但有了钉钉的"使命必达"功能后，小伙伴再也不能以没看到消息作为借口放你"鸽子"了，因为一切都在你的掌握之中。这个功能也可以沿用到老师的消息传达、旅行团导游消息的传达等方面，就是一个通知神器。

钉钉是团队沟通协作工具，也可以是小伙伴聚会的交流道具。在使用中，消息发送必达是基础，而消息是否被对方读取是基石。这么重要的"基石"功能是如何体现的呢？用户在群聊里发出的每条消息，都会在左中间位置显示"已读"或者"几人未读"。只要点击"未读数"，究竟谁看了消息、谁没看，一目了然。

另类用法三：救助神器

常在河边走，哪有不湿鞋？出门在外，总有遇到困难的时候，如果在外地出差遇到紧急事情，一时间无法与同伴正常联系，那么可以怎么办？

将钉钉打卡养成一种习惯以后，出差去外地或者旅游在外地，到了时间点就会习惯性地"打卡"，那么这个"打卡"就成了一种保障，相当于俗话说的"报平安"，对于个人或者家庭而言是一种无声的沟通方式。

通过钉钉里面的外地打卡的功能，可以将你在外地最近一次打卡记录准确记载下来，包括打卡时间以及精确地址，通过这个可以判断你的准确方位。一旦你出了问题或联系不上，你的朋友只需要通过外地打卡功能便可联系当地人员或者警方对你进行帮忙或救助。

宜家《家居指南》：定制让家变得更美好

宜家是一个来自瑞典的家居品牌，其最具特色、最具吸引力的是体验式营销，在产品设计、展示、体验、试用的每个环节都让消费者有一种"回家了"的感觉。许多家具商城的商品上都放着"无心购买，请勿踏坐"的牌子，而宜家的做法让人舒服很多：所有商品顾客都可以坐上去体验，例如其出售的沙发、餐椅旁边总有这样一个提示牌："请坐上去感觉一下它是多么舒服！"在宜家，没有跟随在客户身前身后的销售人员，公司有规定：门店人员不得直接向顾客推销，而是任由顾客自行体验来决定是否购买，除非他们主动咨询。为了帮助顾客自主选择，宜家的每件商品上面都挂着一个小牌子，只要客户自行查看，就能了解到此件商品的价格、使用说明、购买及提货程序等相关信息。

宜家发布的"宜家《家居指南》"App，与线下的体验式营销风格基本一致，把个性化的购物方式视为关键，让消费者在购物时更加轻松愉快。用户能够通过这款 App 获取宜家的所有产品及特别优惠活动的最新信息，了解到某件家具的价格、尺寸、颜色及更多详细内容，商品库存状况以及可以在哪里提货等。更能体现宜家工作风格的是，用户可以通过 App 查阅某家门店到底在哪里、附近有哪些标志性建筑或场所，再进一步获得如何去该门店的路线，掌握门店的购物区域，弄清营业时间。用户也可以任意创建购物清单，如果后悔了可以马上删除；如果有兴趣到仓库逛逛，也可以顺便浏览一下它的库存情况，看看在哪里的宜家商场能够马上买到自己需要的商品。

宜家的 App 在为顾客提供便利的同时，其盈利空间也得到很大提升。由于前期的准备工作都已经完成，从设计到采购生产，再到运输销售，宜家在每个环节都结合得非常紧密。比如在商品运输的时候，平板化包装降低了产品储存的空间及在储运过程中的损坏率，使得运输成本大大降低。

英瓦尔有一句名言："简单就是美德。"这是宜家成功的关键。其独特的DIY 营销方式，赢得了很多都市青年的好感，满足了他们自己动手的乐趣。App 的推出满足了顾客个性化的需求，提供了便利。宜家的发展战略是"益于人类，益于地球"，致力于为顾客打造高质量的居家生活，使你在下班回到家后能够忘却一天的疲劳，感受到春天般的温暖。这款处处彰显"绿色"的 App 注重节约、生态和环保，这与同样注重生活品质和环保理念的中产阶级家庭有极高的契合度。

美国营销专家伯德·施密特（Bernd H. Schmitt）提出："体验营销是站在消费者的感官、情感、思考、行动、关联五个方面，重新定义、设计营销的思考方式。"超越了以往专家定义的"理性消费者"的假设，施密特认为客户有时特别精明，但有时又很感情用事。他们在消费前、消费时、消费后的感受，正是研究客户行为与经营企业品牌的最佳时机。而宜家 App 让你在购买商品的时候，还可以加入自己独特的创作，让你在购买商品时感受到其充满个性化的张扬，并与品牌产生浓厚的情感。

宜家的 App 让客户体验了解商品、自己装饰、自己提货的全部过程，为真正的消费过程做好充分准备。这款致力于改善销售前体验的 App，不仅利用了移动互联网技术，更重要的是可以让每个人体验一下做设计师的感觉。

宜家的 App 致力于让客户设计自己的家。你可以把所有中意的商品都添加到自己设计的各个房间之中，在购物之前就先设想好自己的家居摆放，满意之后，可以直接在 App 中下单、付款，宜家会在最短的时间内将商品运送到你的家中（目前在国内只支持少数地区）。

宜家的 App 可以在应用平台上下载。下载完毕后，需要把里面的功能分门别类，如卧室、客厅、厨房、书房分开。在确定好房间功能之后，就可以把对应的商品放到相应的房间中,例如可以把床、被子和台灯等商品添加到卧室中。一次选择多件商品,可能会导致手机、平板电脑的速度变慢,此时需要你耐心地等待一下,完成后再继续添加。把所有的商品都添加完毕后,再把它们移动到自己想放的地方,无论是餐桌还是衣架,都可以按自己的喜好随意摆放。另外,要是你喜欢某件商品,可以点击它查看它的详细"身份证"。如果真的想把商品据为己有,它会链接到宜家的官方网站,让你立刻实现购物目标。

宜家为顾客着想还体现在另一个方面:App展示了丰富多彩的商品,顾客看过之后不仅能够学习家装知识,还可以激发出无限的创造灵感。除此之外,还可以通过手机或平板查看更多内容,例如观看有趣的短片、互动视频及全方位欣赏样板间,了解商品的品牌故事。如想获得更多的体验,只需找到《家居指南》页面上的"＋"号标志,点击一下,就可以尽情浏览了。这款创意十足、体验绝佳的App,使众多用户感叹:宜家的App简直是一件艺术品。

另外,据宜家市场调查显示,14％的人买来家具后放到家中,不是小了就是大了,70％的人根本不知道自己需要购买多大的家具。相信新品目录及配套App推出以后,会为客户提供很大的帮助。如果你不善于使用这个App,有一个简单的方法:扫描目录上的产品即可了解家具摆放在家中到底是什么样子,以此为标准去计算出这件家具的实际大小,之后把家具与房间的实际大小按一定的比例投放到手机或平板上。如此一来,你就可以看到家具摆放在家中的真实样子,让你再也不用担心买回家的家具太大或太小。

宜家的App与实体店实施零距离接触,以达到高质量服务客户的目的。同时,为了让客户对宜家有一个更为详细、真实的了解,也为了给客户一个真实的家的感觉,宜家为门店的各种产品设计了多种风格的样板间,给客户全方位新体验。

任性的音频老大： 喜马拉雅 FM

喜马拉雅 FM 很容易让人联想到世界海拔最高的山脉——喜马拉雅山脉。创始人余建军当初想给公司取一个有"国际范儿"的名称，但一直没有找到令他满意的。有个投资人建议叫"喜马拉雅 FM"，余建军开始不以为意。

有一天，余建军无意中看到了一段话："世界最长的河流成就了'亚马逊'，世界最大的宝藏成就了'阿里巴巴'，那世界海拔最高的山脉'喜马拉雅'会成就什么？"他被这句话深深打动，立即决定把自己的公司起名为"喜马拉雅"。

截至 2016 年 11 月，喜马拉雅 FM 已拥有超过 3 亿名用户，有 400 万人上传过节目，人均收听时长达 110 分钟以上，成为行业当之无愧的"老大"。2014 年 12 月底，喜马拉雅 FM 获得了一笔 5000 万美元的融资，而另一笔融资正在顺利洽谈之中。至此，喜马拉雅 FM 用仅仅 3 年时间就达到了 200 倍的增长，并且至今每天仍有超过百万名的用户增长量。最初，喜马拉雅只是一个音频平台，并没有什么商品卖给客户，给大家提供的仅仅是听觉上的享受。随着音频市场的变化及自身的壮大，喜马拉雅的定位也上升到音频生态圈，并企图变革上游和下游。余建军认为喜马拉雅 FM 从过去的两三年来看，已取得了一些所谓的成绩，然而从未来五年或十年来看，其真正价值才刚刚体现。

TalkingData 发布的《2016 移动音乐应用行业报告》称，国内移动音乐应用用户规模达到 8.6 亿名，在移动互联网的渗透率为 71.7%。喜马拉雅 FM 目前用户数均已过亿，占据市场 25.8% 的份额，以 45% 的覆盖率居同类应用首位。

"当人们的眼睛被占用的时候，你只能听。"喜马拉雅 FM 创始人之一的陈小雨说。他指出了喜马拉雅FM在短短两年间快速成长起来的最关键因素——场景需求。喜马拉雅FM所取得的优异成绩,与其独特的发展战略有着很大的关系:

第一,独特的专业用户生产内容(Professional User Generated Content,PUGC)或专家生产内容生态战略,同时联合音乐界上下游合作者,形成一个完整的音频生态链。喜马拉雅FM市场总监张永昶透露,其已与比较具备竞争力的9家书商签订了合作意向,把那些有市场前景的书稿改编为有声图书;2015年7月,喜马拉雅FM还宣布与全球最大的中文数字阅读平台阅文集团成功合作。

另外,喜马拉雅FM已与大多数知名自媒体人、公司签订了独家版权,其中包括《郭德纲相声》《罗辑思维》等节目,许知远、王自健、张嘉佳等知名媒体人、作家也纷纷加盟喜马拉雅FM。

第二,喜马拉雅FM为各路人才建立了一系列的培养机制,形成了集挖掘、培养、孵化、商业化于一体的平台,体现了喜马拉雅FM"多方发展全面开花"的战略定位,打造出一大批能征善战的后备力量。2015年6月,喜马拉雅FM推出"全球华语播客巅峰榜",同时联合KPCB/SIG共同打造国内首个专注于创新音频节目制播团队投资和孵化的基金会——声音工场,积极孵化有声创业团队。

第三,喜马拉雅FM在硬件方面的发展更为独特。车载智能硬件"随车听"、舒克智能童话故事机、听书宝等产品先后面市,让优质有声产品通过各种渠道传播给目标用户,也让喜马拉雅FM的努力在听众的心中扎根。

可以说,喜马拉雅FM在音乐领域方面,已经显现出了独特的优势。喜马拉雅FM对于移动音频应用的场景思维更符合用户的心理需求,这也是未来的产业方向。

崇尚用户原创内容(UGC)的喜马拉雅FM凭借大量的节目音频,成为音频制作者最大的集中营。喜马拉雅音频 UGC 不仅吸引了大批音乐发烧友，更聚集了大量的创作者。许多幕后的节目主持人在喜马拉雅发布自己创作的音频，更有央视级媒体人、原创音乐作者。许多动漫声优、配音师、品牌栏目，如《段子来了》《财经郎眼》《罗辑思维》等也纷纷入驻喜马拉雅。

在忙碌的工作间隙，大量用户在喜马拉雅 FM 收听精彩的音频。公交上、地铁里、小车中、健身房或是躺在舒服的床上，都是让耳朵放松一下的最佳时间。在苹果 App Store 里，喜马拉雅 FM 的发烧友们纷纷发表自己的心声："早晨，喜马拉雅叫我起床真爽！""洗漱的时候，习惯把手机放在边上听新闻""上下班路上，听好玩的段子不无聊了""夜深了，有主播甜美的声音伴我入眠"……

2015 年 4 月 17 日，喜马拉雅 FM 在上海召开"新声活"2015 喜马拉雅大会，集结了出版、媒体、广告、投资、汽车、电台等行业各路人马。著名媒体人梁冬、知名自媒体人魏武挥、中国之声主持人青音、《听世界》主播谢涛、喜马拉雅 FM 汽车类脱口秀主播窦超等人参会，并在大会上发表了主题演讲。此外，大会还吸引了郑渊洁等社交平台大 V 的参加，成为会场的一大热点。

同时，喜马拉雅 FM 与科大讯飞达成战略合作伙伴关系，共同研制出语音开放平台——喜马拉雅 inside。不仅能够把音频接入智能设备，甚至还可以接入家电中，比如冰箱、电视、洗衣机、音响等家电，利用高端技术语音识别、语义理解、自然语言等，让你用语音就可以轻松找到自己喜欢的音乐。另外，科大讯飞与喜马拉雅 FM 还将在车联网市场强强联手：在车载前装方面，科大讯飞开发出一套车载语音系统，已与国内外几十家轿车制造厂商结成合作联盟。这款车载语音系统独家集成喜马拉雅音频软件包，一起提供给所有车载客户。在车载后装方面，喜马拉雅 FM 推出针对后装车载用户的音乐产品，在不久以后，双方将联手开发效果更好的产品，以满足车载后装用户的需要。

未来，喜马拉雅 FM 的目标是建设中国最有影响力的音乐平台，让大家如我所愿，听我想听，说我想说；喜马拉雅 FM 以市场需求为导向，致力于创新，并认真做好细节，立即执行所有战略规划，解决每一个问题。

继 2016 年 12 月 3 日的"123 知识狂欢节"后，喜马拉雅 FM 再次造了个节日，这次他们选择在 2017 年 6 月 6 日推出"付费会员"。

截至 2017 年 6 月 6 日 20 点，喜马拉雅 FM 宣布其打造的内容消费行业首个会员日——"喜马拉雅 66 会员日"已召集超 221 万名会员。用他们的话来说，这是"继去年'123 知识狂欢节'后又一次全平台的大狂欢"。

2016 年 12 月 3 日，喜马拉雅 FM 曾以"24 小时销售 5088 万元"交出了国内首个内容消费节的成绩单。

同时，喜马拉雅 FM 官方首次公布了 2017 年以来其付费用户的月均每用户平均收入（Average Revenue Per User，ARPU）已超过 90 元。

有公开资料显示，内容消费的主力渠道包括视频、文字以及音频。其中网络文学的月度 ARPU 约在 30 元左右，付费视频的年度 ARPU 则维持在 80 元左右。对比来看，大多数用户在音频领域内有相对更强烈的付费意愿。

照此趋势，喜马拉雅 FM 有可能将此做成一门收入不错的生意。喜马拉雅 FM 会员月费为 18 元，年度会员 188 元，价格与视频网站会员价格相仿。

此外，"66 会员日"在会员福利方面，设置了包括专享折扣、每天免费听书资格、每月获赠优惠券资格、线下活动福利等在内的各类特权，更有邀请好友加入会员返送礼品的活动。喜马拉雅 FM 官方数据显示，截至 2017 年 6 月 6 日喜马拉雅会员日，其共召集 342 万名会员，共产生知识消费 6114 万元。

喜马拉雅 FM 相关负责人表示，选择在"知识付费一周年"之际开放会员权益，目的是为现有的付费用户提供更为优质及精准的服务。

小米 App： 承接米聊未竟的心愿

尽管目前在小米的整体营收中，手机销售的贡献最大，但创始人雷军却认为未来小米不会把硬件利润作为重心，而是要在互联网服务上盈利。小米此前的布局——米聊、小米应用商店、小米商城、小米百变锁屏……所有的软件均与上层入口的 App 渠道紧密相连，而其核心还是 MIUI 系统，它更容易将小米软件以及诸如支付等服务联结起来。

凭借超前的设计体验，MIUI 得到了市场的认可，众多"非米"用户也通过"刷机"来将自己的手机系统替换成 MIUI 系统，但小米认为：硬件的更新速度再快，也难以和软件相比，例如小米的 4000 万台手机销量，与微信的 7 亿名用户相比依然是小巫见大巫了。而安卓原生系统体验也在逐步实行优化，人们的"刷机"欲望也大不如从前。

因此，小米系统 App 成功上市。小米系统 App 公测版模拟了 MIUI 的设计，并在其中包含了小米联系人、小米短信、小米拨号、小米云服务、小米桌面、小米商店等软件组合，用不着刷机，就能用上小米系统 App。据小米系统官网透露，只要是大多数米粉们喜欢的功能，都会被应用到小米系统上。小米系统可以应用于大多数常见的手机品牌和型号上。

小米系统就是一款被 App 化了的操作系统，用户下载小米系统后，就可以享受 MIUI 提供的互联网应用与服务。App 还可以在"小米账户系统"上得到更优惠的服务，如小米的主题、壁纸等都可以用"米币"购买。而用户可以在小米系统中轻松找到"米币中心"页面。也就是说，小米凭借一套模拟软件去扩大自己的用户规模，这要比单纯的软件分发量重要得多。

此外，假如小米系列的 App 被安装到其他品牌的手机上，则小米不仅可以成为一个数据收集者，更能在系统层面与其他终端厂商竞争——免去了刷机的烦琐操作。其他手机厂商的用户也可以不花钱就获取 MIUI 系统，相信许多人会尝试，这让其能更快速地进入其他的平台。与此同时，它也帮助小米软件系统更快在城市扎根——瞬间打败那些杂牌机用户，使得他们如潮水般涌向自己，然后再向他们兜售各种小米手机。

小米在软件服务领域里的跑马圈地从来就没有停止过。在收购多看阅读平台后，小米把其硬件都归属于小米云服务，并在游戏开发、移动支付方面也动作连连。小米在一步步铺开自己的软件布局，雷军将小米的产品模式概括为"软件＋硬件＋互联网"，即"铁人三项"。

与小米系统 App 同时在市场上运行的还有小米运动 App，其主要功能是支持小米手环、小米体重秤。小米运动 App 可查看小米手环、小米体重秤为你记录的每天运动、睡眠、卡路里消耗、体重信息；还支持李宁智能跑鞋，可查看跑步步频数据及前脚掌着地数据，帮助改善跑步习惯；为小米手环设置智能闹钟，手环便可提醒你按时起床；为小米手环设置来电提醒，来电时手环会震动，提醒你有电话打进来了；当小米手环靠近手机时，点一下电源即可给屏幕解锁，根本不用进行输入密码等烦琐操作（需要安卓 5.0 系统手机或安卓 4.4 系统小米手机）；实时监测轨迹、距离、时速、配速、步频、卡路里消耗（低于设置的配速，小米手环可振动提醒）；语音助手还可提醒你跑步的进度；接入微信、绑定手机 QQ 后即可与好友 PK 每日的运动排名；可以把所有的运动、睡眠等数据传送到"健康"应用，时时掌握自己的身体健康状况；小米运动与专业机构合作，为用户带来更贴心的服务。

钟情小米运动 App 的用户认为其数据真实可信，启动后可马上看到今天已经走了多少步、离设定的目标还差多少，十分简洁明了，方便用户了解运动计划的执行情况。在全民健身日益普及的情况下，小米 App 布局健康运动行业，有充分的发展空间。

足记 App：打造自己的电影剧照

如今，没有创意的 App 已经逐渐被淘汰，人们更追求富有个性的文艺范，凸显格调。虽然手机修图软件多如牛毛，但在技术上并无太多创意，大多是调色与人物美化。而足记 App 独树一帜，只需几个简单的步骤就能做出"电影即视感"的照片。

电影中一些唯美的场景，总是会引发观众的一些浪漫幻想。而在现实生活中，大多数人都无法真正成为电影的主角。足记可以让你轻松制作一张有电影即视感的照片，同时还可以让它更具有故事性。比起那些只是改变色彩的美图类 App，足记 App 跳出了固定思维，用特定的电影效果来吸引用户，彰显高雅品位。

进入足记 App 可以看到附近的人发布的照片，以及热门图片分享；在"发现"中可以搜索国家、城市、影视作品和人物，比如输入英国就会有与之相关的图片出现；"飞呀"中会有一个小飞碟带着你到处跑，告诉大家世界各地的信息；最后的"个人"就是自己账户里的图片内容。

足记 App 的操作非常便捷，因为功能简单，所以操作顺畅。由于是制作宽幅横图，在选择加工素材时最好选择横向图片，其他的方式无法完成截图操作。选择照片后裁切出最优美的画面，再选择下一步，添加上一些场景说明文字。需要注意的是，下面的英文翻译仅供娱乐，并不标准，有时甚至还很搞笑，成为一种意外的看点。另外，字幕还有日语翻译可以选择，艺术感十足。

加完文字，选择适合的滤镜，点保存并发布，就可以把照片分享到这个 App 的社交圈，还会存储到手机照片库里。你也可以把图片分享到微信朋友

圈等社交平台，发一组自己的"电影大片"在朋友圈秀一秀，比普通美图更有风格和辩识度。

或许你会想，自己平常看过许多有意思的电影，那里面一定有很多动人的经典场景，而这些经典场景也许会在你的脑海之中盘桓许久。这就少不了模仿经典场景去拍一些照片。不过，想要把当时情景全部还原出来，并不是一件容易的事情。为了解决这一问题，"足记"App诞生了。

足记App不仅有取景、滤镜等基本功能，其优势还在于：可以在自己拍摄的照片上再嵌套一张照片，让虚拟世界中的场景与现实场景融合在一起。足记App里面可供选择的嵌套场景有很多：可以把场景添加到一张照片的中间，可以模拟一张照片的手持效果，可以让两张照片拼接在一块儿做最直观的对比……如果你选择在画面中间嵌套时，被套用的照片在拍摄过程中会是一个半透明的状态，与实际场景中的画面融合在一起。除此以外，足记App还提供"位置""影视""人物"等特色标签。

那么"足记"能做出什么样的照片呢？我们一起来看看下面这张图片，这是足记App官方提供的照片，是在日本镰仓高校前拍摄的，它把此画面与它的经典画面《灌篮高手》片尾动画里的场景融合在了一起，让你不由自主地回想

图4　"足记"的原景重现功能

起动画片中那些挥之不去的情景。你可以在上面写上与灌篮高手、镰仓高校前站相关的文字,去实施一次对"原景重现"的记录。

此外,有一些场景不能套用,这时需要采取拼接的办法来达到目的。通过照片中的场景,可以幻想出在那个时期发生了什么事情。这种方式同样可以用在故地重游时,比如时隔多年之后又回到儿时拍照片的地方,或者多年之后重新来到一个城市,两张物是人非的照片的对比也能引发强烈的怀旧情绪。

我们在足记 App 中还可以看到他人拍摄的照片,并且可以根据地理位置来筛选。此外,如果你没有自己特别想去的地方,应用还内置了一些场景照片,同样是根据"影视、地点、人物"三种标签来分类,你可以重现都市的场景,或者随着某一部电影的情节,想怎么玩都可以。当然,你还可以找到诸如罗马假日这类电影的经典镜头,绝对可以满足你"环游世界"的要求了。

另外,足记 App 还有一些地方需要提升和改进。比如按键没有名称标示,新用户并不知道每个按钮有哪些功能;用户引导也不够清晰,如果你根本就没有原景重现的形象,打开 App 也许要用一两个小时来搞明白。当然,摄影,为的就是一份悠然自得的心情和意境,分享一张添加了滤镜的美丽照片、拍出一张电影场景重现的照片,可以收获一份意外的喜悦之情。

使用过足记 App 的人都有这样的感受:登录足记 App,可以在"发现"类目中看到许多电影的取景场地。比如电影《这个杀手不太冷》中里昂和马蒂尔达最后一次居住的公寓、马蒂尔达抱着盆景在街上走的场景;再比如《肖申克的救赎》中的监狱、汽车行驶在生机盎然的山谷中等等大量经典场景。这才是足记最核心的价值和创意初衷。所以,大片模式让足记在竞争激烈的美图 App 中脱颖而出。

大片模式在足记 App 设计之初并不是重点。足记的一位工作人员特别喜欢拍照,大家都叫他文艺青年。某一天,他不经意间处理了一张电影照片给大家看,同事们立即被这种似曾相识的感觉打动了,为什么不把这个功能加入足记中？想成为一名中国著名的电影导演是很难的，但在足记上，人人都可以是自己生活的导演。这也让它在一夜之间成了一款爆红的应用，备受用户追捧。

足记创始人杨柳认为，并不是飞到几千公里的远方才叫出行，周末的一次逛街、一次踏青也是出行。除了电影场景外，足记也收录了许多历史照片、名人足记，比如孙中山在西湖的留影、庆丰包子铺等等。

关于足记App今后的计划，杨柳是这样思考的：

首先，既然用户那么喜欢大片模式，就把这个模式深度优化，做到简单好用，一键就拍。完善字幕库，可以分类、搜索，多语言，想要什么内容都能找到。其次是认认真真地改进产品，包括首页、话题、发现、消息、个人专辑、增加照片玩法……团队已经罗列出许多产品改进计划。比如产品的性能还不完美，滤镜容易闪退等问题，都需要进行优化。最后，应该是围绕地点和电影故事。足记App的初衷是围绕地点讲故事，现在还有大批用户记得和怀念最初的产品口号："没有故事的地点终究是冰冷的"。大片模式终究会审美疲劳，虽然用这种方式记录生活不失为一种对美好的表达，但足记App的核心价值是地点故事、电影取景地，人类对于故事和回忆的需求是永恒的。

足记App能在极短的时间是受到人们的青睐，让人不得不想起越来越没落的图片类应用。杨柳说："其实真的不知道大片模式之热能走多久，任何产品都会有衰落的一天。但是带着一颗热爱电影的心去生活、去探索，足记可以做的事情应该还有很多。"

小咖秀: 最火对嘴表演飙戏

2015 年 8 月,短视频小咖秀 App 一下子成为人们的新宠,登上了苹果 App Store 免费下载榜的首位。小咖秀 App 为什么能杀出重围,得到蒋欣、张一山、王珞丹、徐峥等一众明星、名人的青睐呢?

小咖秀使用起来非常简单:用户在小咖秀 App 上可以对照字幕和声音(如电影、电视剧的台词),对口型、飙演技,拍成短视频然后分享到朋友圈和微博。参与者搞笑夸张的表演往往令观看者捧腹大笑。其类似于中国第一代"网红"后舍男孩,区别在于小咖秀将歌曲 MTV 扩大到电影、电视、搞笑片段等多种娱乐产品中。并且它有互动社交的功能,可以查看其他人录制的视频,还可以与他人互动或者发弹幕吐槽,向更多人展示自己的搞笑才华。

小咖秀一夜暴红,并不是空穴来风。据百度指数显示,小咖秀上线最初的 2 个多月的时间里,并没有引起多少人的注意,突然在 2015 年 7 月 25 日如同坐上直升机一样突然爆红,这一天小咖秀到底怎么了?

原来,在那一天的《快乐大本营》节目中,游戏环节加入了"对嘴飙演技大赛",让现场明星参与其中,这为小咖秀做了一次精准有效的推广营销,大大提升了用户量和下载量。在之后的新浪微博上,国内明星也掀起了大秀小咖秀的浪潮,比如因饰演《甄嬛传》中"华妃"一角出名的蒋欣、电影《疯狂的石头》里的王迅,还有贾乃亮、李小璐夫妇的"白云黑土"都让人在忍俊不禁的同时,默默去下载了这个 App,自己也回家快乐地玩耍起来。让普通人也有表演的平台,这激起了很多人心中的表演欲。

也许你的心里此时也装满了疑问:小咖秀到底有怎样的背景,能让一大批一线明星纷纷为这个 App 做起了营销？

秒拍于 2014 年 9 月成功获得了 5000 万美元 C 轮融资，投资方中包括任泉、李冰冰、黄晓明运作的投资机构 StarVC。这三位国内一线明星拥有大批的忠实观众，一经他们推广，粉丝们自然都是不遗余力地自发传播起来。生活一成不变，需要惊喜，这款 App 也确实迎合了大众追求娱乐的时代特点。

而小咖秀正是由秒拍投资的，在短视频领域有着先天的优势。而小咖秀 App 的走红也非一日之功。其实，在其之前有一个相似的 App——Dubsmash，主要是收录了恶搞片段、电影经典台词、动物叫声、动画片、流行歌曲等。Dubsmash 由一支德国创业团队开发，自 2014 年 11 月 19 日上市后，仅仅用了一个星期的时间，便登上德国苹果 App Store 下载榜榜首。Dubsmash 特别注重视频的观赏性，但用户只有通过 Dubsmash 分享视频后，才能被大量网友看到。

小咖秀 App 于 2015 年 5 月 13 日上线，把对口型方法从 N 年前的 PC 端搬到了智能手机上。秒拍创始人韩坤认为："中国用户不擅长做原创内容，我们就主动给用户提供剧本，让他们可以不费力气地生产故事。"

小咖秀采用与影视剧制作单位合作的方式获得版权，内容基本上来自热播影视剧片段和网络音频。比如《大圣归来》、"雪姨开门"、《花千骨》等。火爆总是有理由的，除了产品颇具吸引力外，小咖秀 App 一夜走红的原因，正是秒拍多年累积的明星人脉及千万级用户数量，同时与投资方新浪微博的力推也有重要关系。

2015 年 7 月 6 日，毕业于北京电影学院表演系，因主演青春偶像剧《奋斗》《我的青春谁做主》而走红的王珞丹在微博上发布了一段用小咖秀录制的模仿金星的视频，爆发了第一波疯狂的下载，用户数量开始呈现日均增长 100 万的增势。接下来，贾乃亮、李小璐、王迅等明星纷纷上传自己的对嘴视频，小咖秀让不少大咖在"搞笑"的路上越走越远，而这阵热潮也成功顺延到了网友身上。

王珞丹还有蒋欣,都是推广小咖秀的有功之臣。韩坤认为正是明星们在新浪微博上发布的视频,吸引了普通用户的大量下载。秒拍在首页设置了小咖秀专区,为小咖秀的火爆铺出一条平坦的大路。小咖秀面对直线上升的下载量,后台服务器也几乎撑不住了,"还好,有新浪派来二十人的技术团队来救场",韩坤对此感激不尽。因为视频类 App 很"烧钱",小咖秀 App 每月的带宽费用就是一笔不小的开支。他并不担心小咖秀会像一颗流星一样很快在人们的视线中消失,"我当然没指望小咖秀会一直像现在这么火,小咖秀也会一直迭代,我们更像视频界的'唱吧',(利用)明星效应输出红人,内容资源丰富。人总是有表演的欲望,小咖秀能为他们提升曝光率"。

韩坤并不否认,他也想把小咖秀变成影视剧的推广平台。对于影视公司而言,小咖秀 App 不仅可以担当影视剧上映后的宣传者,也有可能参与到制作方面。比如在筹备初期,小咖秀可以把草根达人的视频选秀推荐给剧组,在后续拍摄过程中,剧组也可以在小咖秀上提前"剧透"部分段落,通过用户的演绎来提升观影量。当然,这对那些原本就有一定粉丝的明星大腕最有效。如果能跟紧行业,找到行业跟用户互动的连接点,可能会有惊喜发生。

图书在版编目(CIP)数据

一本书读懂 App 营销 /蔡余杰著.—杭州：浙江大学出版社，2017.12

ISBN 978-7-308-17558-6

Ⅰ.①一… Ⅱ.①蔡… Ⅲ. ①网络营销 Ⅳ.①F713.365.2

中国版本图书馆 CIP 数据核字（2017）第 260504 号

一本书读懂 App 营销

蔡余杰　著

责任编辑	杨　茜
责任校对	杨利军　於国娟
出版发行	浙江大学出版社
	（杭州市天目山路 148 号　邮政编码 310007）
	（网址：http://www.zjupress.com）
排　版	杭州林智广告有限公司
印　刷	杭州钱江彩色印务有限公司
开　本	710mm×1000mm　1/16
印　张	11.75
字　数	141 千
版 印 次	2017 年 12 月第 1 版　2017 年 12 月第 1 次印刷
书　号	ISBN 978-7-308-17558-6
定　价	45.00 元